하나님과 친밀해지는 하루

그림묵상
365

글·그림 **석용욱**

규장

_____ 님

주님과 친밀한 사이가 되고
마음속 깊은 얘기를
기도로 터놓고 싶은
당신의 소망이 이루어지는
행복한 한 해가 되기를
축복합니다!

혹시 가던 길 가운데서 고민하고 있나요?
Keep going! 가던 길 계속 가기를….

내가 달려갈 길과 주 예수께 받은 사명
곧 하나님의 은혜의 복음을 증언하는 일을 마치려 함에는
나의 생명조차 조금도 귀한 것으로 여기지 아니하노라

사도행전 20:24

당신의 일상으로
초대해주셔서 감사합니다.

누군가는 무심코 책상 위에 올려두기도 하고
누군가는 그저 습관적으로 한 장씩 넘길 수도 있겠지요.
그렇게 하루하루, 그림묵상이 당신의 일상에 묻어갈 것입니다.
하지만 한 해가 지날 즈음, 당신은 이런 생각을 하게 될 거예요.
어느 순간, 그림이 말을 걸고 내 마음을 거울처럼 비춰주었다고.
나와 예수님 사이가 한 뼘 가까워졌다고.
그런 의미에서 그림묵상이 당신의 하루로 초대된 것이
작가인 제게 얼마나 의미있는 일인지 모를 겁니다.
다시 한번 당신의 일상으로 초대해주셔서 감사드립니다.

석용욱 드림

모든 것을 가졌어도 아무것도 갖지 않은 것처럼.
아무것도 갖고 있지 않아도 마치 모든 걸 가진 것처럼.
새해에는 그렇게 천국시민으로 살 수 있기를….

1월

당신의 오늘이 여호와를 노래하는 하루로 채워지길 소망합니다.

새 노래로 여호와께 노래하라 온 땅이여 여호와께 노래할지어다

시편 96:1

하나님은 '아버지'이십니다.
먼저 그 아버지를 만나야 합니다.
아버지 하나님을 만나는 한 해가 되길….

너희는 다시 무서워하는 종의 영을 받지 아니하고
양자의 영을 받았으므로
우리가 아빠 아버지라고 부르짖느니라

로마서 8:15

한집에서 함께 살며 끼니를 같이 하는 사람을
식구(食口)라고 합니다.
하나님이 우리에게 원하시는 것도 식구가 되는 겁니다.

누구든지 내 음성을 듣고 문을 열면 내가 그에게로 들어가
그와 더불어 먹고 그는 나와 더불어 먹으리라
요한계시록 3:20

어리고 미숙할수록 주신 것보다
거두어가신 것에 더 큰 서운함을 느낍니다.
이미 주신 것에 충분히 감사할 줄 아는
성숙한 '나'로 자라가고 싶습니다.

나의 사랑하는 자가 내게 말하여 이르기를 나의 사랑,
내 어여쁜 자야 일어나서 함께 가자

아가서 2:10

물이 더 많아져 땅에 넘치매 방주가 물 위에 떠 다녔으며
창세기 7:18

방주는 배가 아닙니다.
방향을 조정하는 조타 장치도,
속도를 조절하는 엔진도 없는 표류 상태,
즉 내게 아무런 통제권이 없는 상태이기 때문입니다.
당신은 지금, 어떤 상태입니까?

예수님만이 내 유일한 가치라고
아직은 확신있게 답하지 못하겠습니다.
그렇게 답하기에는 사랑하는 다른 것이
여전히 너무 많기 때문입니다.
그래서 기도합니다.
단번에 이룰 수는 없을지라도
결국 예수님만이 유일한 가치로 남을 때까지
평생토록 가지치기를 멈추지 않겠노라고.

침묵이 필요할 때는 마음으로 침묵하세요.
'진정한 침묵'이란 입이 말하지 않는 게 아니라
마음이 말하지 않는 거니까요.
그럴 때 성령의 세밀한 음성을 들을 수 있습니다.

Merry Christmas!

하나님이 세상을 이처럼 사랑하사 독생자를 주셨으니
이는 그를 믿는 자마다 멸망하지 않고 영생을 얻게 하려 하심이라
하나님이 그 아들을 세상에 보내신 것은 세상을 심판하려 하심이 아니요
그로 말미암아 세상이 구원을 받게 하려 하심이라

요한복음 3:16,17

인생은 산에 오르는 것보다는
사막을 건너는 것에 가깝습니다.
바람이 부는 날에는 지도에 없던
모래언덕이 새로 생기기도 하고
비가 많이 오는 날에는
지도에 없던 강이 생겨 흘러넘치기도 합니다.
매순간 지형이 변하기에 지름길을 찾을 수도 없습니다.
그래서 지도보다는 나침반을 따라가야 합니다.

주의 말씀은 내 발에 등이요
내 길에 빛이니이다
시편 119:105

손바닥도 마주쳐야 소리가 나듯
공동체의 하나됨도 서로 노력해야 합니다.
한쪽의 노력만으로는 연합할 수 없습니다.

나의 주일은 어떠합니까?
너무 분주히 보내고 있진 않은지요.

하나님과 시간을 가지세요.
깊이 안식하세요.
그래야 다음 주일까지 살 힘을 얻습니다.
단순하면서도 어려운 일입니다.

부끄러워 할 필요 없습니다.
각자 감당할 수 있는 짐만 허락하시기 때문입니다.

체격에 맞게 들어올립시다!

너무 많은 짐을 감당하려는 건 어리석은 일입니다.
하나님은 감당할 만큼의 짐만 주시기 때문입니다.

말씀을 의지하세요.
휩쓸리지 않을 겁니다.

하나님의 도는 완전하고 여호와의 말씀은 순수하니
그는 자기에게 피하는 모든 자의 방패시로다
시편 18:30

기도하는 한 사람이
기도하지 않는 한 민족보다 강합니다.
하나님을 움직이시게 하기 때문입니다.

형제들아 내가 그리스도 예수 우리 주 안에서 가진 바
너희에 대한 나의 자랑을 두고 단언하노니 나는 날마다 죽노라
고린도전서 15:31

바울의 이 고백은
반대로 날마다 다시 살았다는 의미입니다.
그가 부활의 예수님을 믿었기 때문입니다.

세상은 내 인생의 주인공이 '나'라고 말하지만
성경은 내가 아닌 '예수님'이라 말합니다.
그 말씀에 순종하면 잠시 나 자신이 뒤로 밀려나는 느낌을 받지만
결국에는 더 빛나는 존재가 되더군요.
참 아이러니합니다.

성경에게 꼭 묻고 가세요.
반드시 답해줄 겁니다.

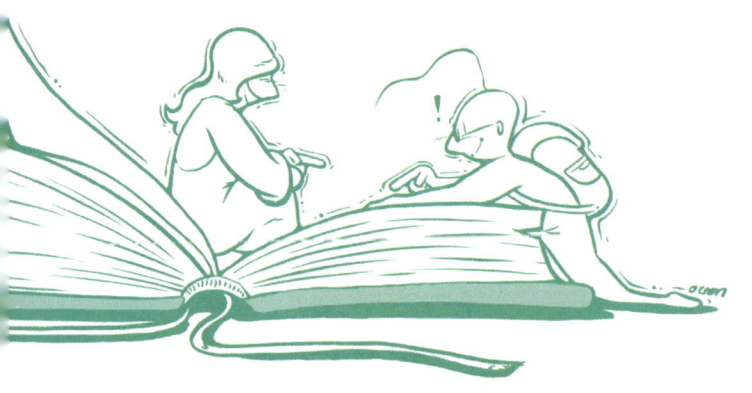

'난 여기까지야…'라는 한계의 벽.
한계를 느끼는 건 필요한 일입니다.
이 일로 더 지혜로워질 수도 있으니까요.

하지만 하나님을 그 한계 안에 가둘 수는 없습니다.
그분은 내 한계보다 훨씬 크시기 때문입니다.

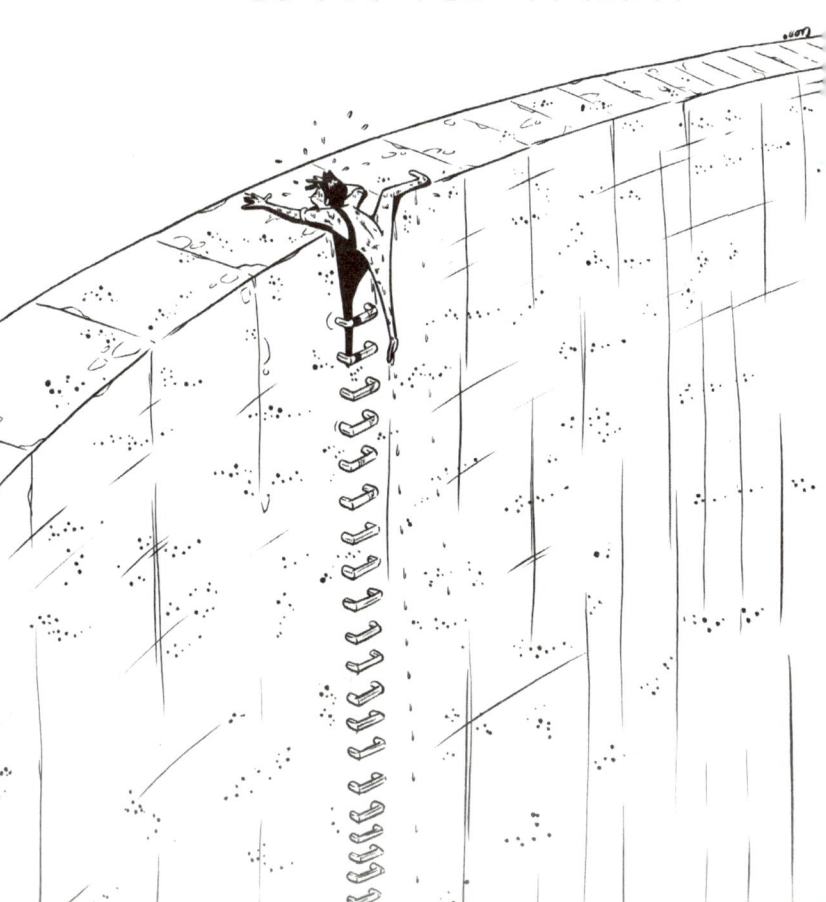

때로는 세상이 너무 커보이기도 합니다.
잘못된 게 아니라 자연스러운 겁니다.
더 크신 하나님을 알아가기만 하면 됩니다.

최고의 전략은 스펙이 아니라 '순종'입니다.
전쟁의 승패가 여호와께 달려있기 때문입니다.

이제는 원대한 내 계획보다
주의 소박한 소망을 이루며 살고 싶습니다.

진정한 불편은 하나님 품을 떠나
몸 편히 지내는 걸지도 모릅니다.

부족한 능력을 크신 손이 채우십니다.
그러니 너무 염려하지 말아요.

두려워하지 말라 내가 너와 함께 함이라
놀라지 말라 나는 네 하나님이 됨이라
내가 너를 굳세게 하리라 참으로 너를 도와 주리라
참으로 나의 의로운 오른손으로 너를 붙들리라
이사야서 41:10

죄: 과녁을 벗어나다.

[하마르타노(Hamartano), 헬라어 동사]

탁월한 능력보다 꼭 붙어 있는 게 중요합니다.
꼭 붙어 있어야 하나님의 전능에 얹혀갑니다.

남보다 많이 가지려는 것도 욕심이지만,
하나님이 허락하시지 않은 것을 가지려는 것이야말로
진짜 욕심입니다.

선악을 알게 하는 나무의 열매는 먹지 말라
네가 먹는 날에는 반드시 죽으리라 하시니라
창세기 2:17

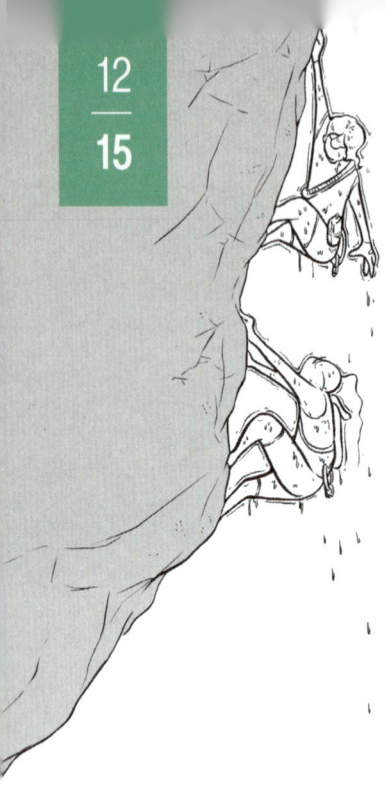

원수를 사랑하라 하고, 일곱 번씩 일흔 번 용서하라 하십니다.
약하디 약한 우리에게 이런 기준은
어쩌면 영원히 이룰 수 없는 이상향에 불과할지도 모릅니다.
하지만 이 가치를 추구하는 과정 속에서
내 영혼의 근육은 더욱 단단해집니다.

성경이 말하는 죽음은
단순히 육신의 호흡이 끊어지는 게 아니라

하나님과의 관계가 점점 멀어지다가
결국 완전히 끊어지는 것입니다.

모든 기도의 응답이 바라던 대로
이뤄진다면 얼마나 좋을까요!
하지만 그리 아니하실지라도
예배를 멈추지 않겠다고 다짐하던
한 예배자의 찬양 속에서
세상을 이기는 믿음을 보았습니다.

책망이란,

하나님이 사랑하는 자녀에게 주시는 주사 한 방입니다.
그래서, 조금 따끔할 수 있습니다.

사각지대에 있는 이웃을 위해 이름도 없이
헌신하는 목사님, 선교사님이 여전히 많습니다.
고통 중의 이웃을 돕는 이들의 헌신을 보면
그래도 세상의 소망은
교회일 수밖에 없다는 생각이 듭니다.
그리스도의 피값으로 사신 몸이기 때문입니다.

아내는 남에게는 듣기 좋은 말을 잘하면서
제게는 잘 안 합니다.
듣기 좋은 말보다는 '진심'을 전하려 하지요.
때로는 그 진심이 저를 아프게 하더라도 말입니다.
가장 가까운 사이이기 때문에….

내가 사랑하는 자를 책망하여 징계하노니
그러므로 네가 열심을 내라 회개하라
요한계시록 3:19

주님, 사람들은 말합니다.
제가 당신과 대화를 나눌 때
들리는 건 한 목소리이니 꿈일 뿐이라고,
한 사람이 둘인 척 흉내 내는 것이라고.
분명 그럴 때도 있지만,
그들이 생각하는 것과는 다릅니다.

제 안에서 하고 싶은 말을 뒤졌지만,
보십시오, 제 우물은 말랐습니다.
이를 보신 당신께서
어눌한 제 입술을 통해
제가 전혀 몰랐던 생각을
속삭이듯 표현하셨습니다.
우리 둘이 대화를 나누는 듯 해도
당신께서 홀로 말씀하십니다.

– 어느 무명인의 기도

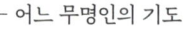

마음의 위로를 얻고
영혼의 평안을 찾는 것을
'은혜'라고 합니다.

하지만 양심에 찔림을 얻고
마음이 불편해지며 급기야
고통스럽게 깨지기까지 하는 것은
'놀라운 은혜'라고 합니다.

내가 예수님을 닮아가면
세상도 예수님을 닮아갈 것입니다.
우리는 서로 맞물려 있는 존재이기 때문입니다.

리더십과 우월감은 성경적 세계관 안에서는
절대 공존할 수 없는 개념입니다.

그가 왕위에 오르거든 이 율법서의 등사본을
레위 사람 제사장 앞에서 책에 기록하여 평생에 자기 옆에 두고 읽어
그의 하나님 여호와 경외하기를 배우며
이 율법의 모든 말과 이 규례를 지켜 행할 것이라
그리하면 그의 마음이 그의 형제 위에 교만하지 아니하고

신명기 17:18-20

무엇으로 중심을 잡겠습니까?

변하지 않는 진리인
하나님의 말씀을 붙잡는
사람만이 중심을 바로잡게 됩니다.

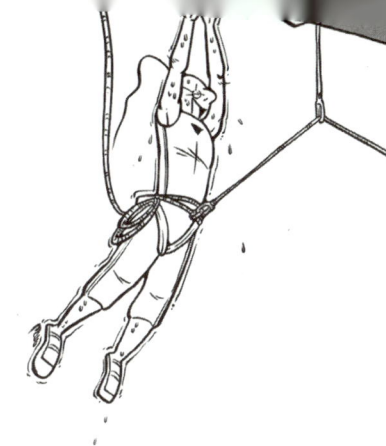

율법이니, 계명이니 하는 것이
혈기왕성할 때는 마냥 답답하고
고리타분하게만 느껴졌지요.
하지만 이제는 조금 알 것 같습니다.
그런 원칙들이 위기의 순간마다
보이지 않게 나를 잡아주고 있었다는 것을….
성경적 원칙은 인생의 안전장치입니다.

가정 안에서 혼자 예수님을 믿으시는군요.

외롭고 고단한 길입니다.
하지만 당신을 통해 가족의 구원사를
새롭게 쓰시는 그분을 신뢰하세요.

수련보다 중요한 게 '단련'입니다.
수련은 기술을 습득하는 거지만
단련은 습득한 기술을 연마해서
내 기술로 만드는 것이기 때문입니다.

신앙도 마찬가지입니다.
아는 것에서 그치지 않고 실천해야 합니다.
많이 아는 것이 수련이라면,
실천하는 것이 단련이기 때문입니다.

농담인 듯 농담 아닌 주고받는 상처들…,
내 인간관계는 어떤 모습인가요?

교회는 염전입니다.
소금을 만들어 내보내는 염전.
우리는 지금 어떤 영역에서 소금으로 살고 있나요?

관계는 서로를 비춰주는 거울입니다.

사람은 타인과의 관계를 통해
자신을 비춰 볼 수 있습니다.
서로를 비추며 성장하길 바라는 하나님께서
내 옆 사람을 허락하셨습니다.

바울의 위대한 여정은
혼자의 힘으로 이뤄낸 게 아니었습니다.

두기고, 오네시모, 아리스다고, 바나바, 마가, 아킵보
그 외에 이름조차 거론되지 않은
수많은 동역자와 협력해서 이뤄낸 것입니다.
그러므로 그리스도인이 혼자 해낼 수 있는
하나님의 일이란 없습니다.
누군가의 도움을 받고 또 도움을 주는 건
신앙인에게는 지극히 자연스러운 일입니다.

'어머나! 미안!
입에서 나오는 대로 말해버렸네….'

내 말이 사람을 살리고 있습니까?

누구든지 엎드려 절하지 아니하는 자는
즉시 맹렬히 타는 풀무불에 던져 넣으리라
다니엘서 3:6

근처에 다가가기만 해도 타버릴 듯한 뜨거운 풀무불.
가끔 경제적 문제에 부딪힐 때면
그것이 다니엘서의 풀무불처럼 나를 삼킬 것 같아
두렵고 무섭기만 합니다.
당신의 풀무불은 무엇인가요?

하나님, 저는 고슴도치입니다.
어찌 이리 가시가 많은지요….

이에 왕이 명령하매 다니엘을 끌어다가 사자 굴에 던져 넣는지라
다니엘서 6:16

다니엘이 사자 굴에 던져졌습니다.
하지만 그 순간에도
사자굴에서 건짐 받을 걸 기대하기보다
찢겨나갈 것을 각오했습니다.
다니엘의 믿음이 그런 믿음이었기 때문입니다.

대단한 걸 바란 게 아니에요.
그저 기댈 수 있는 곳을 찾았을 뿐….

가까운 사이에는 비밀이 없습니다.

벨사살 왕의 환상을 해석하고 꿈으로 예언하는
다니엘을 보며 그만의 특출난 총명함,
신령함이 있는 줄 알았습니다.
하지만 그는 하나님과 가까운 사이였을 뿐입니다.
비밀이 없을 만큼 아주 가까운 사이.

우리는 만나야합니다.

위대한 창조주.

전능한 구원자.

정의와 심판의 주.

무소부재하신 초월자.

모두를 뛰어넘어
궁극적으로는 사랑의 아버지를….

정말 놀라운 것은
하나님이 나와도 다니엘만큼이나
비밀 없는 사이가 되기를 바라신다는 것입니다.
다니엘 같은 총명함도 신령함도 없는 나와
다니엘보다 더 가까워지기를 갈망하고 계시다는 것.

'하나님, 제가 너무 연약해서 당신이 정말 필요합니다….'
고백을 드리는 지금이 가장 강해지는 순간입니다.

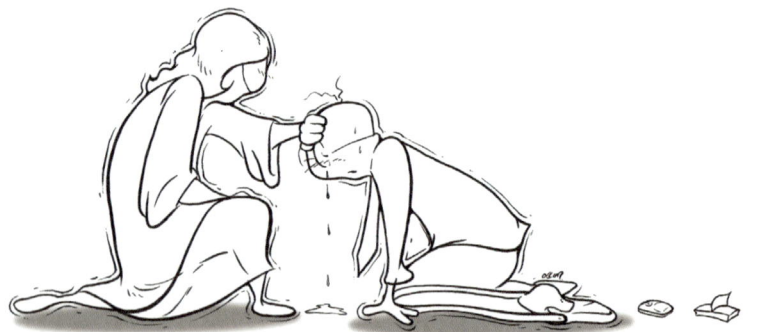

조급한 마음 이해합니다만,
하나님보다 앞서가진 마세요.

하나님은 '아버지'이십니다.
먼저 그 아버지를 만나야 합니다.
아버지 하나님을 만나는 12월이 되길….

너희는 다시 무서워하는 종의 영을 받지 아니하고
양자의 영을 받았으므로
우리가 아빠 아버지라고 부르짖느니라
로마서 8:15

화나는 감정 이해합니다만,
하나님보다 분내진 마세요.

12월 DECEMBER

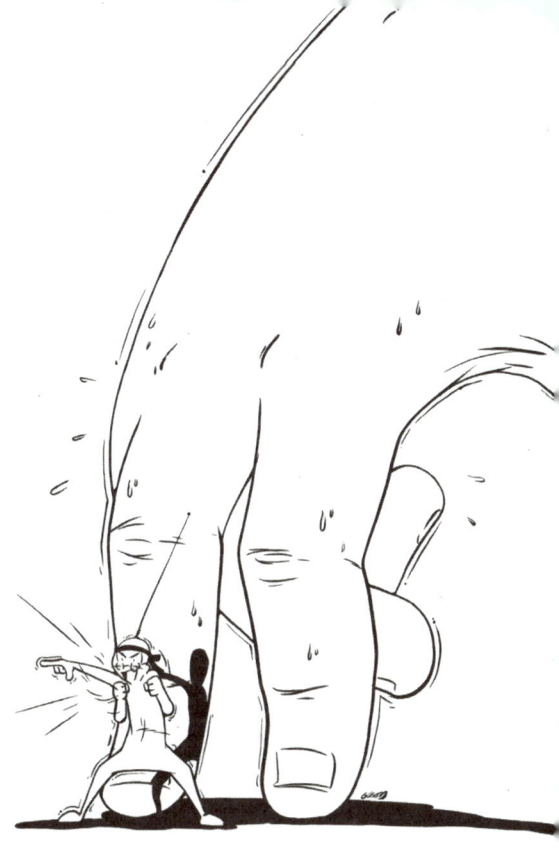

지나친 내 열심이 하나님을 가로막을 때가 있습니다.
오늘은 그분과 리듬을 맞춰가는 하루가 되면 좋겠습니다.

"당신은 불공평합니다"라며
삿대질하던 때도
나는 여전히
당신을 갈망했습니다.
그 순간에도 당신은
내 불경한 삿대질이 아닌
갈망만을 보지요….

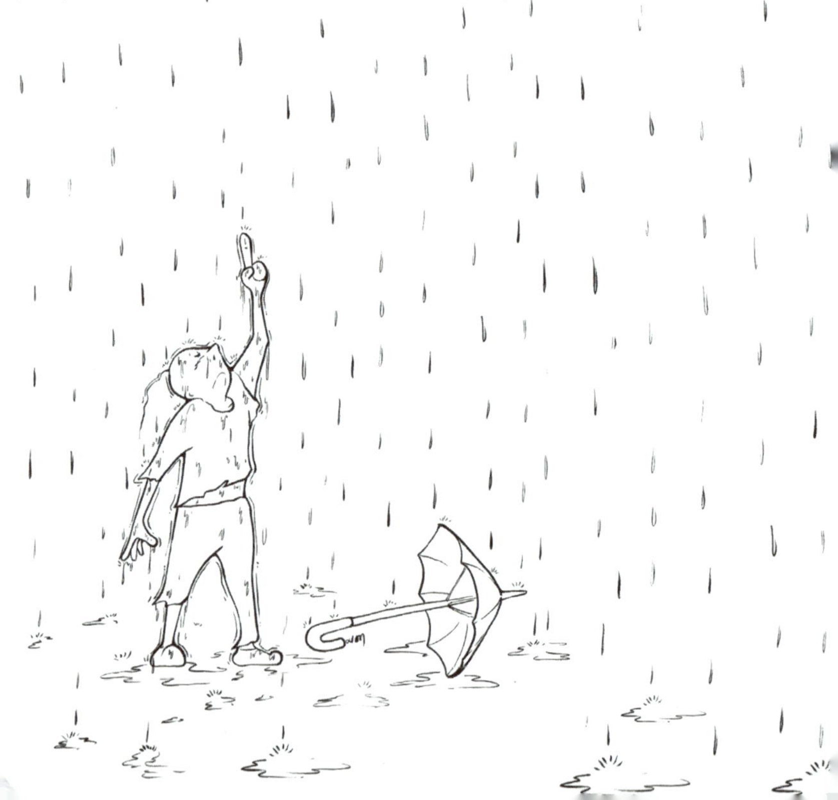

복음을 전하기 위한 끝없는 모험.
멈추지 않는 성령님과의 동행.
바울은 단 한순간도 현실에 안주하지 않았습니다.
끊임없이 이야기를 만들어갔기 때문입니다.

지금 나는 어떤 이야기를 만들어가고 있습니까?
믿음의 모험을 할 준비가 되어 있나요?

가끔은 하나님이 계신다는 사실조차 잊을 만큼,
두려움과 불안이 몰려올 때가 있습니다.
그럴 때면 내가 자랑하던 믿음이
얼마나 작고 연약한지 깨닫습니다.
한 줌도 안되는 믿음조차 결국 내 것이 아닙니다.

너희는 그 은혜에 의하여 믿음으로 말미암아 구원을 받았으니
이것은 너희에게서 난 것이 아니요 하나님의 선물이라
행위에서 난 것이 아니니 이는 누구든지 자랑하지 못하게 함이라

에베소서 2:8,9

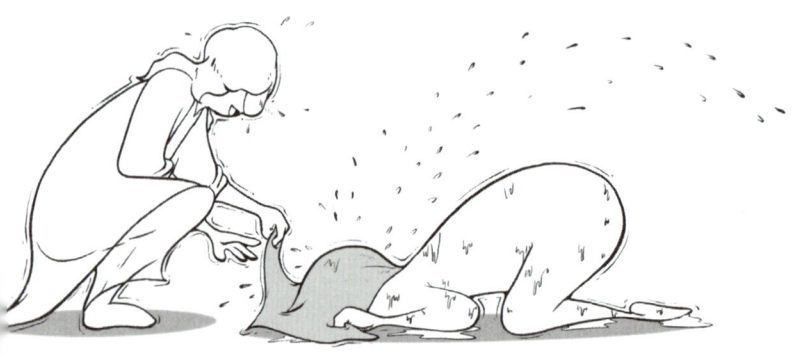

2월 FEBRUARY

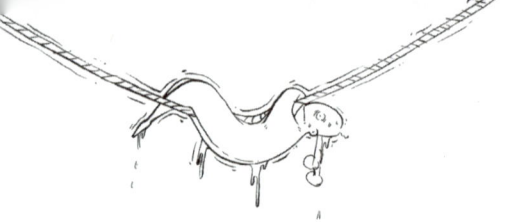

고난은 이겨내는 게 아닙니다.
지나갈 때까지 버티고 있는 겁니다.

사람이 감당할 시험 밖에는 너희에게 당한 것이 없나니
오직 하나님은 미쁘사 너희가 감당하지 못할 시험 당함을
허락하지 아니하시고 시험 당할 즈음에 또한
피할 길을 내사 너희로 능히 감당하게 하시느니라

고린도전서 10:13

하나님은 '아버지'이십니다.
먼저 그 아버지를 만나야 합니다.
아버지 하나님을 만나는 2월이 되길….

너희는 다시 무서워하는 종의 영을 받지 아니하고
양자의 영을 받았으므로
우리가 아빠 아버지라고 부르짖느니라
로마서 8:15

사람들 앞에서는 온갖 똑똑한 척 다 하지만,
실상 내 마음 상태조차 잘 모를 때가 많습니다.
그럴 때 최선은 마음을 감찰하시는 이가
내 마음을 깨닫게 하시도록 기도로 나아가는 것뿐입니다.

자기 '의'(義)라는 덫,

보이지는 않지만 아주 가까운 곳에서
승승장구하는 당신의 발목을 노리고 있습니다.

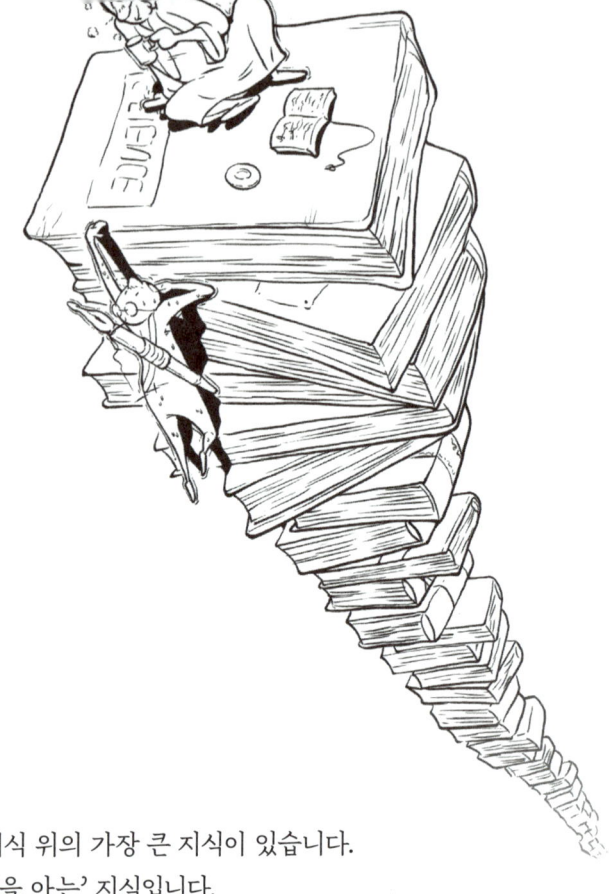

모든 지식 위의 가장 큰 지식이 있습니다.
'하나님을 아는' 지식입니다.

여호와를 경외하는 것이 지혜의 근본이요
거룩하신 자를 아는 것이 명철이니라

잠언 9:10

수많은 자리가 있지만 내 자리는 없는 것처럼 느껴질 때,
진정 깨닫게 됩니다.
그동안 자리를 만들어주신 분이 하나님이었음을….
다음 자리는 어디인지 알 수 없지만 절대 잊지 않겠습니다.
내 힘으로 얻은 자리란 없다는 걸.

차가운 이성과 뜨거운 감성,
그것을 적절히 사용하는 절제된 지혜.
균형있는 영성은 말처럼 쉬운 게 아닙니다.
중심을 잡고 늘 깨어 있어야 합니다.

말하고자 하면 아이지만, 듣고자 하면 어른입니다.
물론 나이와는 무관합니다.

"네 미래는 목사, 그 옆은 선교사, 그 옆은 전도사,
다음 줄 들어와!"

혹시 하나님을 이렇게 오해해서
인생의 비전조차 묻지 못하는 건 아니지요?
하나님은 인격적이십니다.

지혜는 히브리 원어로 '레브 쉐마',
즉 '듣는 마음'이라는 의미입니다.

성경이 말하는 지혜는 지식이 가득찬 게 아니라,
하늘의 뜻을 듣고 분별하고자 하는 마음입니다.

사람들은
자신들이 날 수 있다는 사실을
잘 몰라.

목이 곧은 백성이니라
신명기 9:6

하나님 뜻에 순종하지 않고 버틸 때,
정작 피곤한 사람은 나 자신입니다.

"어쩔 수 없단다.
　네게 날개가 달려있다는 것을 알게 하려면
　이렇게 조금씩 미는 수 밖에…."

하나님!
움켜쥔 주먹을 펴는 게
어찌 이리 힘들까요?

양다리 걸치며 살아보니 오히려 피곤한 건 나 자신!

내가 네 행위를 아노니
네가 차지도 아니하고 뜨겁지도 아니하도다
네가 차든지 뜨겁든지 하기를 원하노라
요한계시록 3:15

신용을 지킨다는 건,
하나님의 성품인 신실함(faithfulness)을
드러내는 중요한 일입니다.

믿음의 기반을 단단한 벽돌로 세워야 합니다.
안 그러면 한철 태풍에 다 날아가 버릴 테니까요.

02

09

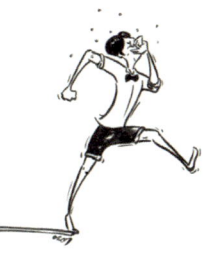

오라 하시니 베드로가 배에서 내려
물 위로 걸어서 예수께로 가되
마태복음 14:29

합리적 사고는 매우 유용합니다.
하지만 이를 뛰어넘는 믿음이
필요할 때가 있습니다.

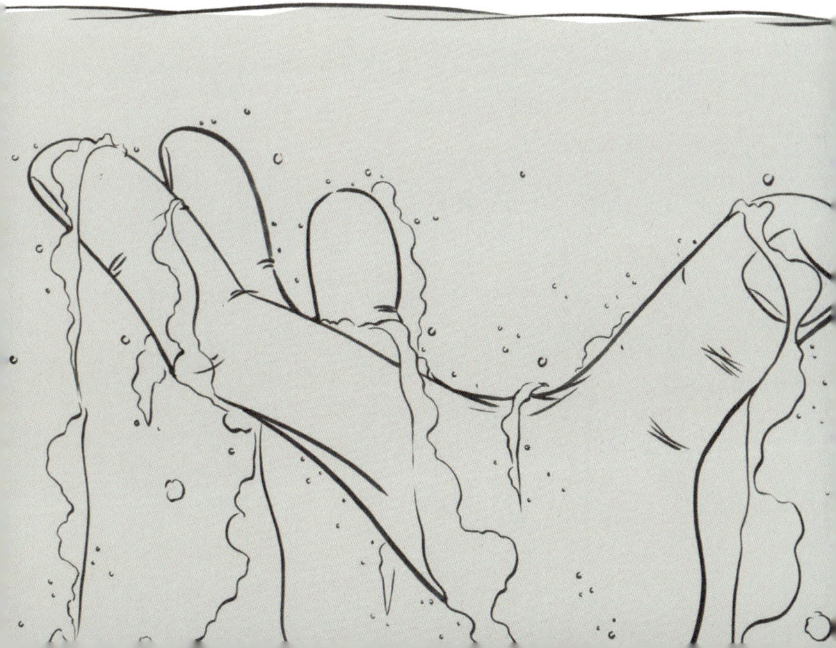

기도할 때 중얼거리거나 중언부언할 필요가 없습니다.
그분이 우리의 작은 신음까지 들으시기 때문입니다.

기도할 때에 이방인과 같이 중언부언하지 말라
그들은 말을 많이 하여야 들으실 줄 생각하느니라
마태복음 6:7

그분의 힘을 통해
넉넉히 넘을 수 있습니다.

하나님 손에 다듬어지지 않은 자유는,
그저 사춘기 청소년의 반항일 뿐입니다.

사탄이 여호와께 대답하여 이르되
욥이 어찌 까닭 없이 하나님을 경외하리이까
주께서 그와 그의 집과 그의 모든 소유물을 울타리로
두르심 때문이 아니니이까
주께서 그의 손으로 하는 바를 복되게 하사
그의 소유물이 땅에 넘치게 하셨음이니이다

욥기 1:9,10

사탄의 이 한 마디가 내 정곡을 찌릅니다.
신앙 생활의 동기를 살펴보게 하기 때문입니다.

잠시 지나면 또 자라기 시작하는 내 안의 가시,
민감하게 분별하며 계속 다듬어가야 합니다.

너희는 다 빛의 아들이요 낮의 아들이라
우리가 밤이나 어둠에 속하지 아니하나니
그러므로 우리는 다른 이들과 같이 자지 말고
오직 깨어 정신을 차릴지라
데살로니가전서 5:5,6

모든 일이 내 뜻대로 되길 바라는 사람,
그런 사람을 '독재자'라고 정의합니다.
꼭 제 3세계 정치 지도자만을 의미하는 건 아닙니다.
내 마음 깊은 곳에도 존재하기 때문입니다.

내 안의 가시는 저절로 다듬어지지 않습니다.
아프게 꺾이는 시련의 과정을 통해 다듬어집니다.
그분이 나를 만들어가시기 때문입니다.

힘 닿는 데까지만 던집시다.

너무 먼 미래의 일까지 고민하는 것도
일종의 불신앙입니다.
하나님께서 이미 계획을 갖고 계시니까요.

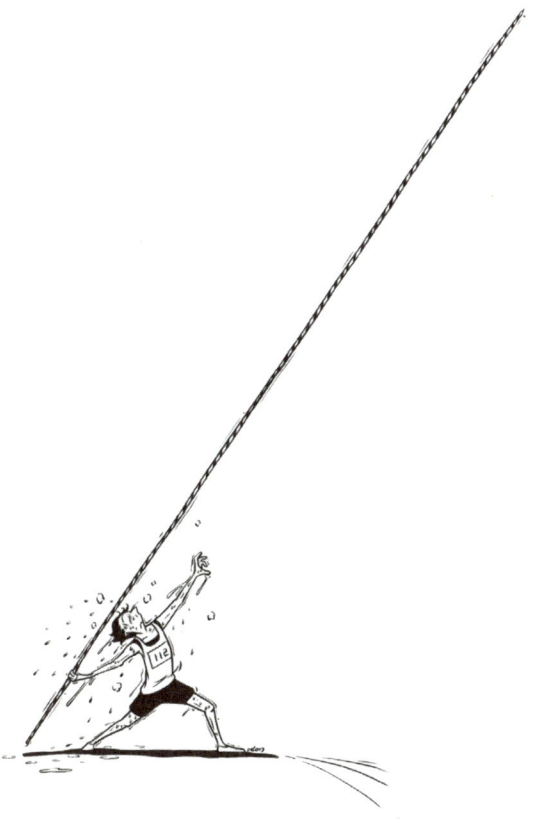

어제 회개하고 잠깐 한눈팔았을 뿐인데,
순식간에 불어납니다.
내 욕심이….

각 사람은 위에 있는 권세들에게 복종하라
권세는 하나님으로부터 나지 않음이 없나니
모든 권세는 다 하나님께서 정하신 바라

로마서 13:1

다윗이 왕으로서 행한 첫 번째 일은 나쁜 왕을 섬기는 것이었다.
그는 기름 부음을 받은 후 사울 왕의 궁전에 들어가 그의 종이 되었다.
그러나 다윗에게 있어 종이 되는 것과 왕이 되는 것은
서로 반대되는 일이 아니었다.

그에게 종으로서 섬기는 일은
그 자체가 이미 왕으로서 통치하는 일이었다.
그는 종인 동시에 왕이었다.

유진 피터슨,《다윗 : 현실에 뿌리박은 영성》, IVP

그래요, 그게 사랑입니다.
줄 때는 당장 손해보는 것 같지만,
돌아올 때는 저 같은 놈들을
한 무더기 데리고 오니까요.

넘었다고 생각하는 순간이 바로 넘어지는 순간입니다.
넘었다면 한 번 더 점검하세요.

사랑하면 경청하게 됩니다.
상대에게 귀기울이게 되기 때문입니다.
사랑은 그 속성 자체가 이타적입니다.

내가 사망의 음침한 골짜기로 다닐지라도 해를 두려워하지 않을 것은
주께서 나와 함께하심이라 주의 지팡이와 막대기가 나를 안위하시나이다
시편 23:4

온 가족이 주의 지팡이와 막대기를 묵상하는
설 연휴를 보내시길 기도합니다.

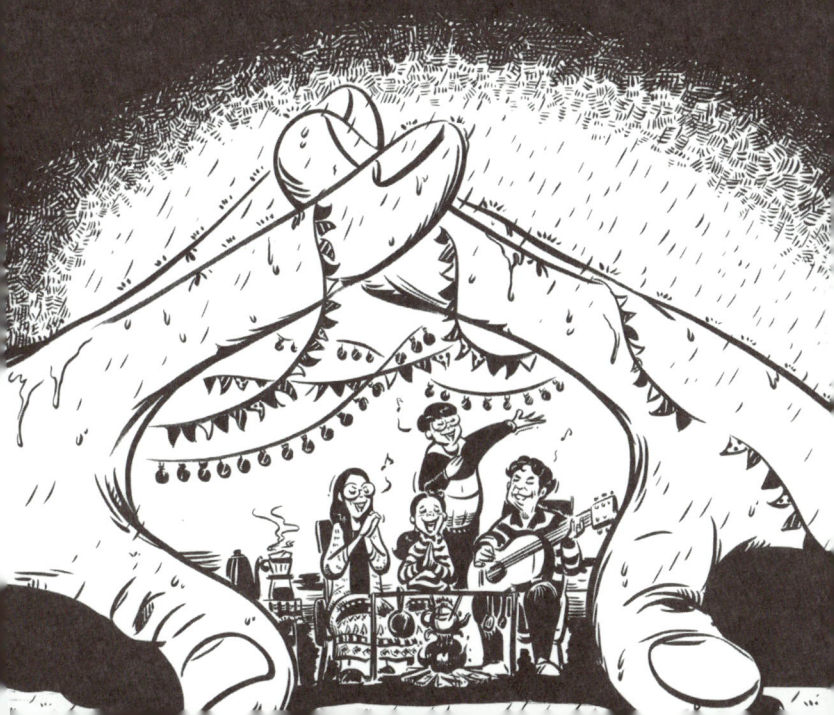

하나님은 약속을 맺고
스스로 그 약속을 지키는 분이십니다.
하나님이 주신 약속이 있나요?
포기하지 마세요.
상황이나 환경과 타협하지 마세요.

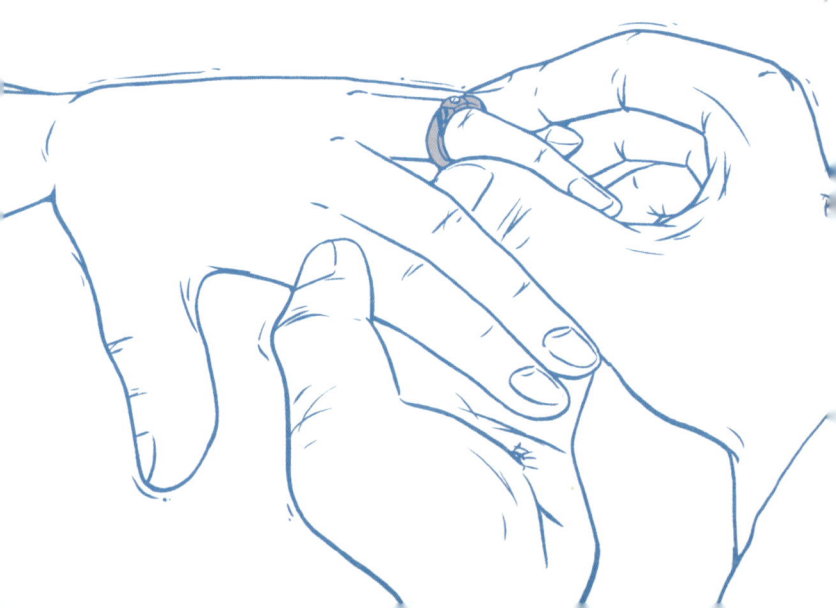

인간은 높은 곳으로 오르려 하나,
오히려 예수님은 낮은 곳으로 내려오십니다.

결국 예수님과 가까워질 수 있는 자리는
낮은 자리입니다.

지금 상황,
한 수로도 충분히 역전됩니다.
하나님의 한 수, 신의 한 수.

처음 그리스도인이 되어 찬양 음반을 들을 때면,
그 찬양을 부르는 사람들이 지구상에서
가장 아름다운 사람들 같아서 나도 그들과 함께
사랑의 공동체를 경험하고 싶다는 바람이 간절했습니다.
하지만 예수님을 믿은 지 오랜 시간이 흐르고
그동안 사람들과 나 자신에게 실망하다보니,
고상하고 아름다워 보이는 교회와 선교 단체 예배 팀이
실제로는 얼마나 연약한 사람들의 모임인지 알게 되었습니다.
나 자신과 사람들에게 실망하며 한때 교회를 떠나기도 하고,
사역을 내려놓기도 했지만 여전히 다시 일어나
하나님께 노래하는 이유는, 주께서 원하시는 것은
상하고 깨어진 마음이라는 확신이 들었기 때문입니다.
그렇게 스스로 다시 한번 다짐합니다.
삶이 따라가지 않는다고 노래하기를 멈추기보다
삶이 따라갈 때까지 노래하기를 멈추지 않겠노라고.

– 김재우 선교사(다민족 예배 사역자)

달리는 것만큼 멈추는 것도 중요합니다.
너무 빨리 달리면 하나님도 쉽게 멈추게 못하십니다.
혹시 달리고 계시나요?
현재 속도를 꼭 점검하세요.

북이스라엘을 대적하던 아람 왕 벤하닷은
신하들이 이스라엘의 하나님 여호와를 '산의 신'이라 정의하고
평지에서 싸우면 자신들이 전쟁에서 이길 거라는 조언을 듣고
또 한 번 북이스라엘과 전쟁을 벌입니다.
이는 전형적인 고대인의 다신론적 세계관이 반영된 모습입니다.
과연 전쟁의 승패는 어떻게 됐을까요?

이는 고대인만의 세계관이 아닙니다.
하나님은 교회의 하나님이라고,
내 일터에는 계시지 않을 거라고
나도 하나님을 제한하고 있진 않나요?

평범한 하루를 보낸다는 것,
일상을 잃은 누군가에게는
간절한 소원일지도 모릅니다.

사람이 먹고 마시며 수고하는 것보다
그의 마음을 더 기쁘게 하는 것은 없나니
내가 이것도 본즉 하나님의 손에서
나오는 것이로다
전도서 2:24

신앙인이란
결국 하나님을 사랑하는 사람이 되는 것.
더 붙일 것도, 뺄 것도 없습니다.

여리고 성과 같은 인생의 장벽들.
그분의 때, 그분의 방식으로 무너져 내릴 것입니다.

강직한 해결사 디도와 사랑스럽고 온유한 디모데.
두 젊은이는 언제나 바울의 든든한 버팀목이 돼 주었습니다.

청년 세대를 점점 잃어가는 지금,
나도 모르게 다음세대를 위한 기도가 절로 나옵니다.
'하나님! 다음세대를 잃지 않도록 우리를 준비시켜주세요.
이 땅에 다시 한번 디도와 디모데 같은
청소년, 청년들을 계속 일으켜주세요!'

오늘은 이 기도로 함께 하루를 시작하지 않으실래요?

그리스도인이란 분노하지 않는 사람이 아니라,
분노조차 하나님 품안에서 표출하는 사람.

회개하고 돌이키는 순간,
그 자리에 천국이 임하고
회복이 일어납니다.
회개는 결코 무거운 개념이 아닙니다.
그것은 곧바로 천국시민의 시민권을
얻는 것입니다.

"바짝 엎드려 살아가거라.
사람에게 걸려 넘어질 일 없도록."

어머님이 늘 하시던 말씀입니다.
혈기 왕성한 시절에는 자존심 때문에
엎드려 살라는 그 충고를 잔소리 취급하곤 했어요.
철들고 나서야 그 의미를 깨달았습니다.
겸손한 자세로 먼저 감사나 사과를 표하면,
사소한 관계의 시비로부터 자유로워진다는
예수님의 지혜가 담긴 충고였기 때문입니다.

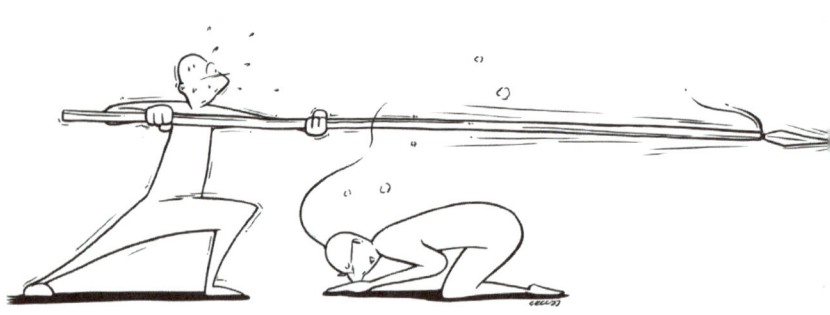

따끔한 충고는 나를 건강하게 해주지만
달콤한 말은 영적 혈당을 높여줍니다.

너희 중에는 그렇지 않아야 하나니
너희 중에 누구든지 크고자 하는 자는 너희를 섬기는 자가 되고
너희 중에 누구든지 으뜸이 되고자 하는 자는 너희의 종이 되어야 하리라
마태복음 20:26,27

참 쉽지 않습니다.
왕이 되어도 살아남기 힘든 시대에
종이 된다는 것.
하지만 오늘만이라도 그분의 뜻을 좇아
종이 되길 선택하는
하루가 되길 소망합니다.

악한 존재들도 지혜롭고 성실합니다.
단번에 넘어뜨리기보다는
작은 틈새를 내려고 노력하기 때문입니다.
예민하게 깨어 있어야만
이 틈새를 찾아 메울 수 있습니다.

예수님은 비난 앞에서 침묵을 선택하셨습니다.
침묵은 인내이고, 인내는 곧 열매이기 때문입니다.

그들이 얼마나 많은 것으로 너를 고발하는가 보라 하되
예수께서 다시 아무 말씀으로도 대답하지 아니하시니 빌라도가 놀랍게 여기더라
마가복음 15:4,5

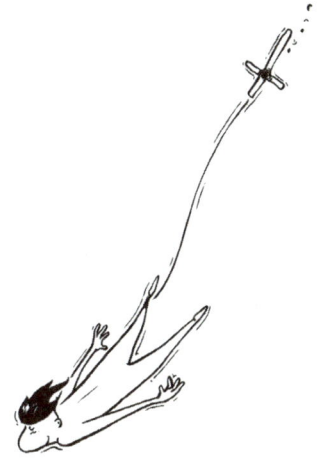

내 혈기로 헤쳐가기보다
복음으로 흘러가고 싶습니다.

시몬에게 이르시되 깊은 데로 가서 그물을 내려 고기를 잡으라
시몬이 대답하여 이르되 선생님 우리들이 밤이 새도록 수고하였으되
잡은 것이 없지마는 말씀에 의지하여
내가 그물을 내리리이다

누가복음 5:4,5

인간은 분석보다 소통이 먼저인 존재입니다.
영혼이기 때문입니다.

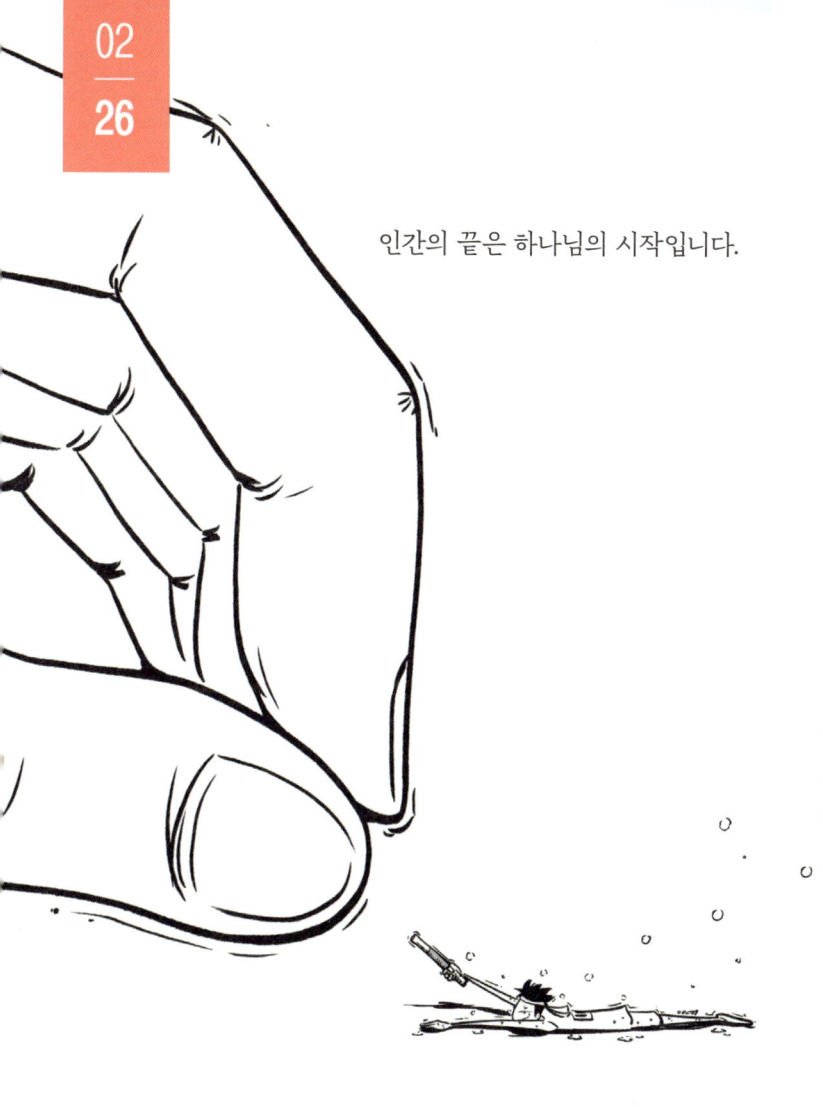

인간의 끝은 하나님의 시작입니다.

믿음으로 달리는 중이라면 꼭 완주하십시오.

내가 달려갈 길과 주 예수께 받은 사명 곧 하나님의 은혜의
복음을 증언하는 일을 마치려 함에는 나의 생명조차
조금도 귀한 것으로 여기지 아니하노라
사도행전 20:24

기도란
걸치고 있던 옷들을 모두 벗고
벌거벗은 그대로 하나님 앞에 나아가는 것.

하나님은 '아버지'이십니다.
먼저 그 아버지를 만나야 합니다.
아버지 하나님을 만나는 11월이 되길….

너희는 다시 무서워하는 종의 영을
받지 아니하고 양자의 영을 받았으므로
우리가 아빠 아버지라고 부르짖느니라

로마서 8:15

겨울이 지나면 봄이 옵니다.
하나님이 만드신 자연의 섭리입니다.
긴 겨울을 보낸 당신에게도 곧 봄이 올 거예요.

주의 성실하심은 대대에 이르나이다 주께서 땅을 세우셨으므로 땅이 항상 있사오니
천지가 주의 규례들대로 오늘까지 있음은 만물이 주의 종이 된 까닭이니이다
시편 119:90,91

11월 NOVEMBER

주인을 태운다는 건,
내 원대로 가지 않겠다는 것입니다.
그래서인지 조련되기까지
좀 고되다 싶을 때도 있습니다.

지금, 믿음으로 달리는 중입니까?

보라 이제 나는 성령에 매여 예루살렘으로 가는데
거기서 무슨 일을 당할는지 알지 못하노라
오직 성령이 각 성에서 내게 증언하여
결박과 환난이 나를 기다린다 하시나

사도행전 20:22,23

3월 MARCH

혹 스스로를 가두고 있는 틀이 있나요?

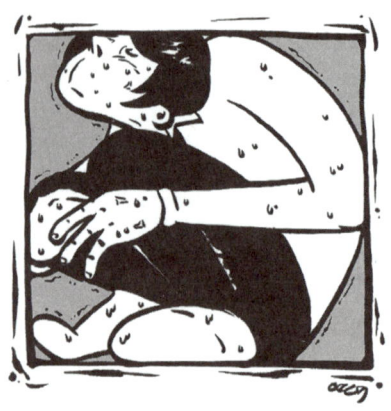

나를 보내사 마음이 상한 자를 고치며 포로된 자에게 자유를,
갇힌 자에게 놓임을 선포하며
이사야서 61:1

03
—
01

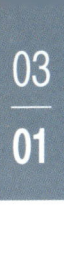

하나님은 '아버지'이십니다.
먼저 그 아버지를 만나야 합니다.
아버지 하나님을 만나는 3월이 되길….

너희는 다시 무서워하는 종의 영을
받지 아니하고 양자의 영을 받았으므로
우리가 아빠 아버지라고 부르짖느니라
로마서 8:15

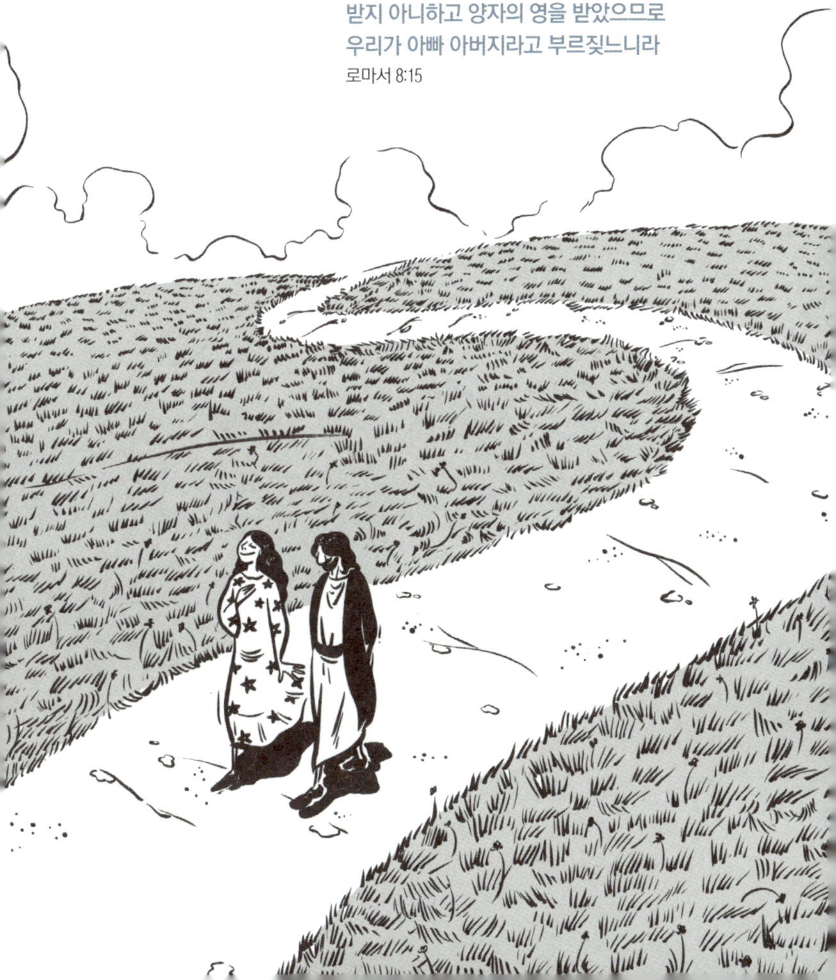

능력이 평범해도 괜찮습니다.
비범한 하늘의 도움이 있기 때문입니다.

쉿! 주님과 안식 중입니다.

자꾸 뭔가를 해내려 하지 말고 그저 함께 걸어요.
그분과의 동행은 그것만으로 충분합니다.

너희는 나그네(타국인)를 사랑하라
전에 너희도 애굽 땅에서 나그네 되었음이니라
신명기 10:19

오늘 하루는
타국인으로 살아가는 국내의 모든 이주민과
다문화 가정을 위해 기도하고 싶습니다.
본질적으로는 우리 모두 이 땅의 나그네인 것을….

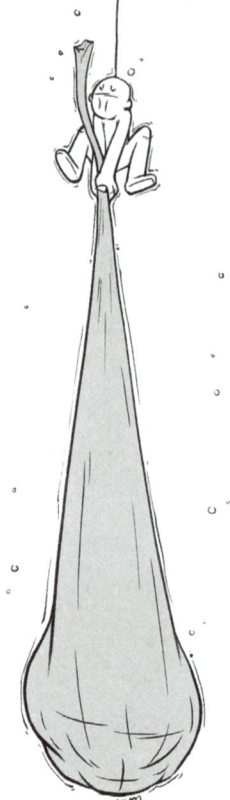

당연히 소중한 것이겠지요.
하지만 생명보다 소중한 건 없습니다.
같이 가라앉는 중이라면 과감히 놓으세요.

너희는 이방인이 그 마음의 허망한 것으로 행함 같이 행하지 말라
그들의 총명이 어두워지고 그들 가운데 있는 무지함과 그들의 마음이
굳어짐으로 말미암아 하나님의 생명에서 떠나 있도다

에베소서 4:17,18

상상하지 못했던 사람들이
하나님을 예배하는 모습을 반드시 보게 될 것입니다!

각 나라와 족속과 백성과 방언에서 아무도 능히 셀 수 없는
큰 무리가 나와 흰 옷을 입고 손에 종려 가지를 들고
보좌 앞과 어린 양 앞에 서서 큰 소리로 외쳐 이르되
구원하심이 보좌에 앉으신 우리 하나님과 어린 양에게 있도다 하니
요한계시록 7:9,10

길이 보이지 않아 더 두렵게 느껴지나요?
안심하세요.
분명히 목적지로 인도하시는 중일 테니까요.

칼로 찌름 같이 함부로 말하는 자가 있거니와
지혜로운 자의 혀는 양약과 같으니라

잠언 12:18

나의 언어가 '칼'이 아닌 '약'이 되는 하루가 되게 하소서.

하나님의 뜻을 알면서 모르는 척, 못 들은 척.
혹시 내 모습인가요?
오늘은 그분 곁으로 더 가까이 다가가세요.

거절도 기도의 응답입니다.
이 답에 순응하는 것도
신앙의 중요한 일부입니다.

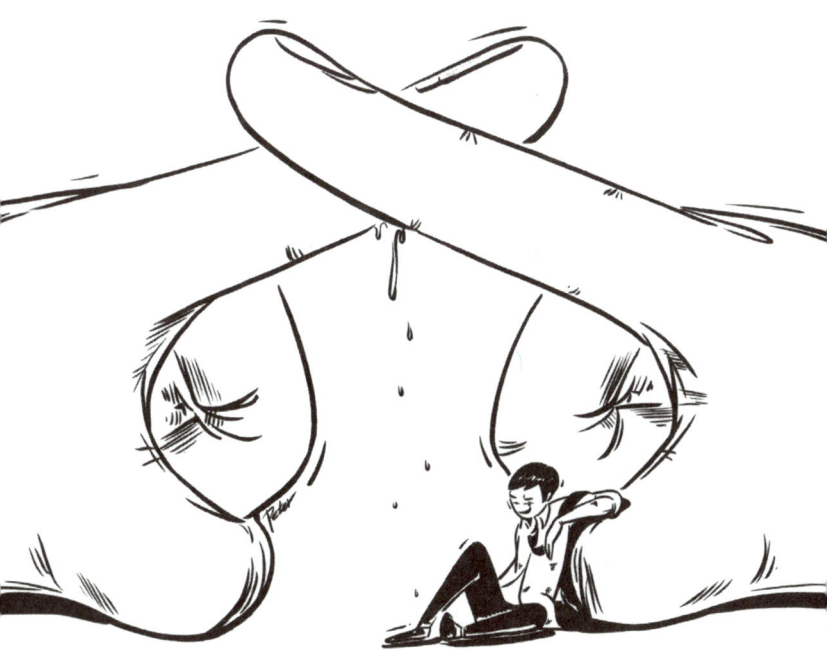

율법을 기준으로 판단한다면
아무도 의인의 자리에 오를 수 없습니다.
그 기준이 너무 높기 때문입니다.
그럼 율법은 필요 없는 것일까요?
그럴리가요! 그것이 율법이 가진 유익입니다.
은혜를 깨닫게 해주기 때문입니다.
결국 우린 은혜로 살아가는 사람들이니까요.

LEVEL
1

기다림이 고단한 이유는 때를 알 수 없기 때문입니다.

매일을 견디며 때를 기다리는 당신을 축복합니다.
하나님을 신뢰하며 보낸 오늘이
그때를 하루 더 앞당긴다고 믿기 때문입니다.

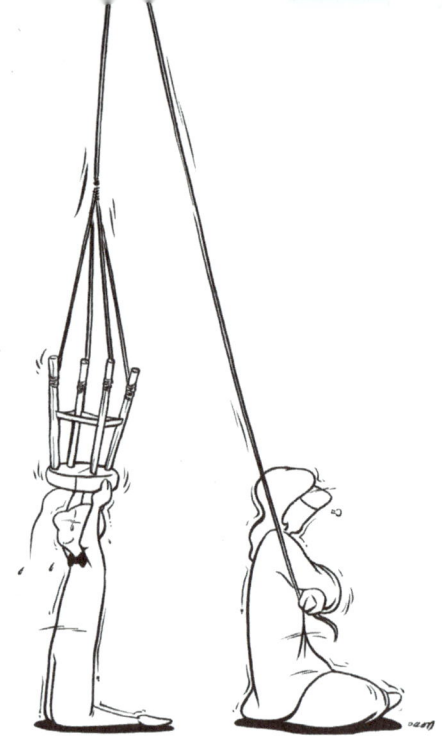

이제야 하나님의 마음이 보입니다.
징계 중에도 피할 길을 내시는 아버지의 마음이….

이는 주께서 영원하도록 버리지 아니하실 것임이며
그가 비록 근심하게 하시나 그의 풍부한 인자하심에 따라 긍휼히 여기실 것임이라
주께서 인생으로 고생하게 하시며 근심하게 하심은 본심이 아니시로다

예레미야애가 3:31-33

능력도, 지식도 모두 중요하지만
결국 열매 맺게 하는 힘은 인내입니다.

하나님의 때를 기다리는 건
무미건조하게 느껴지지만,
동시에 깊이 뿌리내리는 시간입니다.

범사에 감사합시다!
감사하지 못 하게 만드는 많은 저항과 투쟁하며.

남들보다 미련해도 괜찮습니다.
십자가에 잘 붙어있기만 하면 됩니다.

**십자가의 도가 멸망하는 자들에게는 미련한 것이요
구원을 받는 우리에게는 하나님의 능력이라**
고린도전서 1:18

욕구가 제 멋대로 하게 두면 하나님 손을 놓칩니다.
기독교의 정수는 절제와 인내입니다.

말씀 앞에서 버티는 중인가요?
그냥 순응하세요.
당신도 너무 힘들잖아요.

너무 빨리 오르면
너무 빨리 내려갑니다.
한 걸음씩 천천히,
그것이 하나님이
사람을 세워가시는 속도입니다.

다윗이 일어나서 사울의 겉옷 자락을 가만히 베니라
그리 한 후에 사울의 옷자락 벰으로 말미암아 다윗의 마음이 찔려
자기 사람들에게 이르되 내가 손을 들어 여호와의 기름 부음을 받은
내 주를 치는 것은 여호와께서 금하시는 것이니
사무엘서 상 24:4-6

다윗은 살짝 베어낸 사울의 겉옷자락 만한
크기의 잘못에도 양심의 가책을 느끼는 사람입니다.
하나님을 경외하는 신앙인의 양심은 그런 겁니다.

밭을 갈 때는 열매를 볼 수 없습니다.
하루하루가 무미건조하게 느껴지기도 합니다.
하지만 그럴 때라도 성실하게 오늘을 살아내는 것,
하나님이 기뻐하시는 진정한 성도의 삶입니다.
개척의 때 우리는 진짜 성도가 됩니다.

세상은 올라가라 하는데, 예수님은 내려가라 하십니다.
어중간하게 서 있는 연약한 나는, 늘 괴롭습니다.
기쁘게 내려가기로 결정하는 오늘이 되면 좋겠습니다.

'아무 결단도 내리고 싶지 않고
어떤 책임도 지고 싶지 않아요.
그냥 이 안에 머물러 있을래요.'

가장 안전해 보이는 그 자리가
당신을 가두고 있는 감옥일지도….

사랑은 합리적인 게 아닙니다.
합리를 뛰어넘어 행동하게 합니다.
그래서 어렵고, 어려운 만큼 강력합니다.

**누구든지 네 오른편 뺨을 치거든 왼편도 돌려 대며
또 너를 고발하여 속옷을 가지고자 하는 자에게 겉옷까지도 가지게 하며
또 누구든지 너로 억지로 오 리를 가게 하거든 그 사람과 십 리를 동행하고
네게 구하는 자에게 주며 네게 꾸고자 하는 자에게 거절하지 말라**

마태복음 5:39-42

믿음으로 아브라함은 부르심을 받았을 때
순종하여 장래의 유업으로 받을 땅에 나아갈새
갈 바를 알지 못하고 나아갔으며

히브리서 11:8

복싱 체육관에 갔습니다.
그림 같은 펀치를 날리는 모습을 상상하며
운동을 시작했지요.
하지만 2주만에 그만두고 말았습니다.
운동을 배워보니 실제로는 두 팔을 들고
3분 정도 서 있는 것조차 힘겨웠기 때문입니다.
머리로 아는 운동과 몸으로 뛰는 운동 사이에는
정말 큰 차이가 있었습니다.

내 신앙은 어떻습니까?
머리에 있습니까,
아니면 삶에 배어 있습니까?

콧대를 넘어가면 예수님이 보입니다.

변화와 성장을 갈망한다면
자존심도 조금씩 비워가야 합니다.
때로는 자존심이 예수님을 만나는 데
가장 큰 장애물이기도 합니다.

그분이 다 올라가시면
이어서 나를 다시 올려주십니다.
그분이 올려주실 때까지 충분히
낮추는 내가 되고 싶습니다.

늘 중심이 되고 싶은 나.
주도권을 놓는 게 갈수록 힘겹습니다.
자꾸 왜 이러는 걸까요?

나를 낮추면 그분이 올라가십니다.

공동체 분열의 원인이 '사랑'일 때도 있다고요?

내가 좋아하는 사람만 좋아하는 게
그 원인이 될 수 있습니다.
공동체를 사랑한다는 것은
공동체 전체를 품는 걸 말합니다.

'평안해라.
 내가 핸들을 쥐고 있다.'

상황이 복잡할수록 단순하게!
말씀대로 간결하게!

"Shall we dance?"
예수님과 스텝을 맞추는 오늘이 되게 하소서.

특별히 애쓰거나 노력하지 않아도
우리의 생각과 관심은 육신의 것에 쏠립니다.
오늘 하루 만이라도 마음을 모아
경건에 힘써봅시다.

당신께 몸을 맡기니 살얼음판 위를 걷던 발걸음이
아이스 스케이팅을 타는 듯 미끄러지네요!

누군가를 위해 선물을 준비할 때마다 느끼는 건,
주는 이가 받는 이보다 더 설렌다는 점입니다.
내 돈 들여 사주는데 내가 더 설레는 게
참 아이러니하지요.
아마도 그게 선물하는 사람 마음인가 봅니다.

하나님도 우리에게 인생을 선물로 주셨습니다.
그분은 우리의 탄생이 얼마나 설레셨을까요!
그리스도인에게 생일은 어쩌면
그 하나님의 마음을 묵상하는 날이 아닐지….

그리스도인의 평안이란
갈등이 없는 상태가 아니라 치열한 갈등 속에서도
변함없이 누리는 하나님과의 안정감입니다.

나의 평안을 너희에게 주노라
내가 너희에게 주는 것은 세상이 주는 것과 같지 아니하니라
너희는 마음에 근심하지도 말고 두려워하지도 말라
요한복음 14:27

삶의 고비 너머에는
저마다의 반전이 기다립니다.
하나님은 시험을 견딘 이에게
상 주시는 아버지이시기 때문입니다.

명품신앙의 기반은 연단(鍊鍛)입니다.
도가니가 은을, 풀무가 금을 연단하는 것처럼
하나님은 사람의 마음을 연단하시기 때문입니다.

나의 예배,
혹시 주일 예배당 안에만
머물고 있습니까!
예배는 삶의 개념입니다.
일상으로도 넘어와야 합니다.

하나님은 충분히 혼자 하실 수 있는데,
꼭 나와 함께하려 하십니다.

우리 자신이 곧 성전입니다.
그러므로 우리 일상도 예배가 될 수 있습니다.
오늘 하루, 내 일상이 예배가 되게 하려면
어떻게 해야 할까요?

내가 주께 대하여 귀로 듣기만 하였사오나 이제는 눈으로 주를 뵈옵나이다
그러므로 내가 스스로 거두어들이고 티끌과 재 가운데에서 회개하나이다
욥기 42:5,6

어쩌면 욥은 이 한마디 고백을 위해
깊은 어둠의 터널을 뚫고 왔는지도….

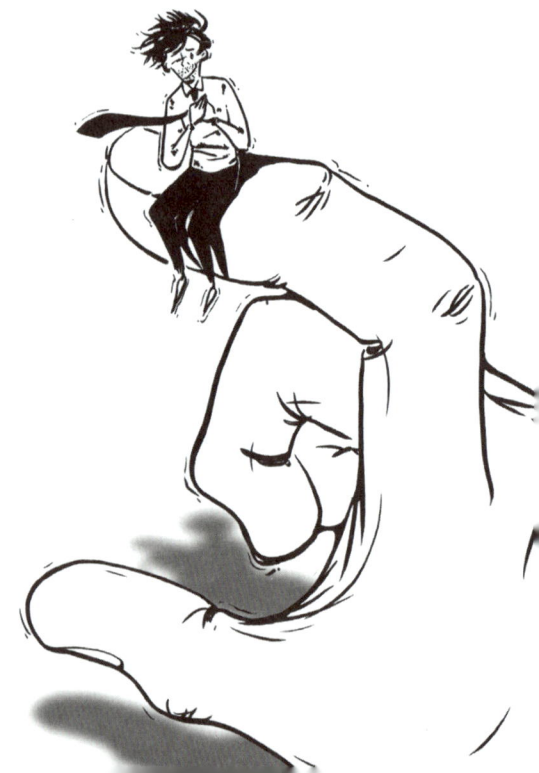

건강한 신앙이란
영적 균형감으로 나타납니다.
오늘도 영육간의
균형을 맞추는 하루가 되길!

길을 막는 분도, 여는 분도 하나님이십니다.
사람이나 돈은 표면적 이유일 뿐입니다.
그렇다면 오늘 내가 찾아야 할 대상은 누구일까요?

안심해라.
내가 균형을 잡고 있단다….

신앙이고 뭐고 확 때려치우고 싶을 때도 있지만
그조차도 내 마음대로 되지 않습니다.
뭔가가 나를 '꼭' 붙잡고 있기 때문입니다.

내가 나 된 것은 하나님의 은혜로 된 것이니
내게 주신 그의 은혜가 헛되지 아니하여 내가 모든 사도보다
더 많이 수고하였으나 내가 한 것이 아니요
오직 나와 함께 하신 하나님의 은혜로라
고린도전서 15:10

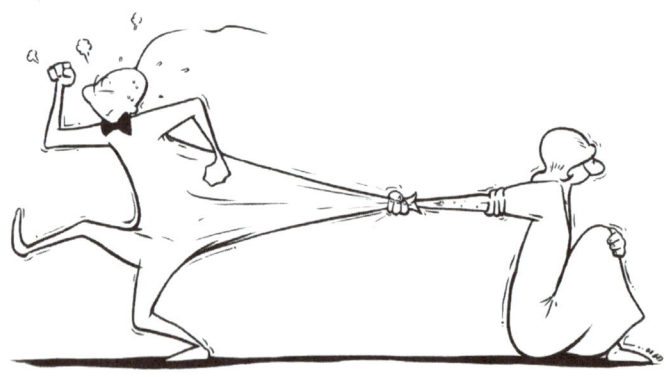

Royalty!
'충성'이란 다른 곳에 시선을 두지 않는
고결한 마음입니다.

원대한 비전을 품고
가장 작은 일을 실행하는 사람.
하나님의 사람은 그런 사람.

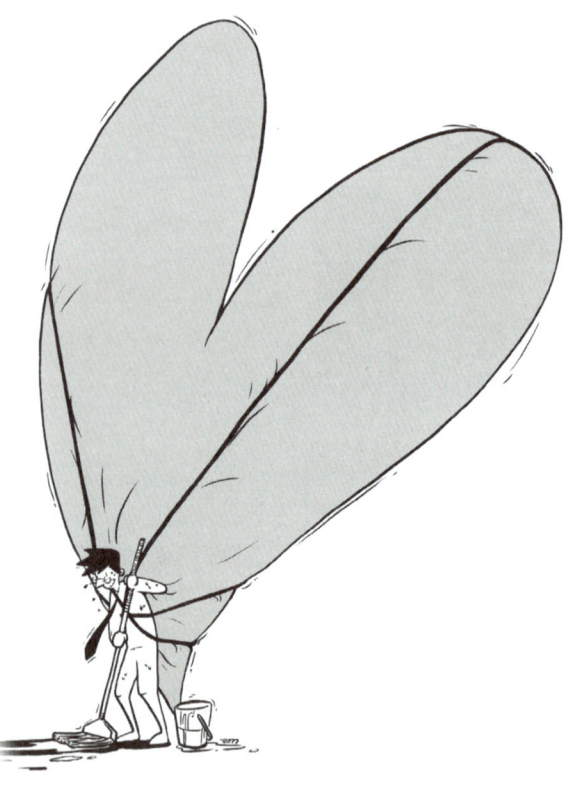

"바람은 계산하는 것이 아니라 극복하는 것이다."

한 영화에 나온 유명한 대사입니다.
내 앞의 장애물, 꼼꼼하게 계산 중인가요,
아니면 믿음으로 돌파 중인가요?

무리해서 열기보다
열어주시는 문으로 들어가는 것도
하나님의 인도하심을 찾는 방법 중 하나입니다.

'갑 중의 갑'이신 예수님이
을의 형상으로 이 땅에 오셨습니다.
고로 '갑질'은 기독교 정신에
존재할 수 없습니다.

오늘 하루 무고(無故)했습니까?
그렇다면 오늘을 감사하고 잠들길.
은혜는 그만으로도 충분합니다.

내일 일을 위하여 염려하지 말라
내일 일은 내일이 염려할 것이요
한 날의 괴로움은 그 날로 족하니라
마태복음 6:34

하나님 사전에 '우연'이란 없습니다.
너무 유능하신, 아니 전능하신
하나님이 계시기에
당신의 인생을
우연에 맡길 수 없습니다.

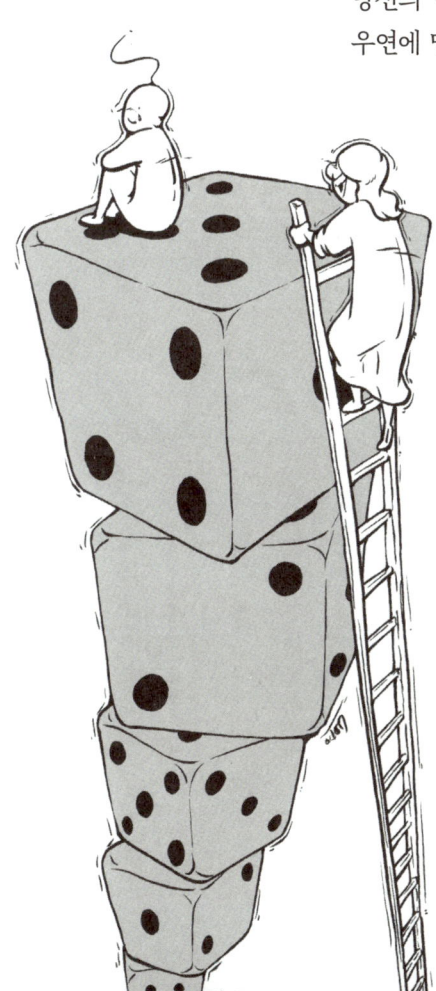

하나님은 '아버지'이십니다.
먼저 그 아버지를 만나야 합니다.
아버지 하나님을 만나는
10월이 되길….

너희는 다시 무서워하는 종의 영을 받지 아니하고
양자의 영을 받았으므로 우리가 아빠 아버지라고 부르짖느니라
로마서 8:15

모든 것이 하나님의 지휘 안에 있습니다.
믿고 안심하세요.

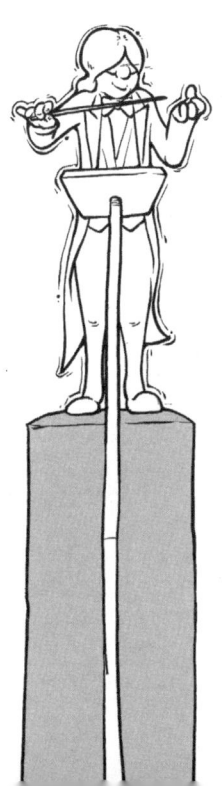

10월 OCTOBER

창조주에게 다가갈수록
인생의 목적과 의미가 더욱 분명해집니다.
나란 존재의 안정감이 바로 그 발견 속에 있습니다.

우리는 진흙이요 주는 토기장이시니
우리는 다 주의 손으로 지으신 것이니이다
이사야서 64:8

가난한 이를 구제하든
평범하게 아이를 키우든
거대한 기업을 경영하든
지금 주어진 일이 하나님으로부터 왔다면
가장 영적인 일입니다.

4월 APRIL

병든 자를 고치고 5천 명을 먹이는 것도 기적이지만
진짜 기적은 완고한 내가 변했다는 것입니다.
'성숙'이야말로 진정한 기적입니다.

하나님은 '아버지'이십니다.
먼저 그 아버지를 만나야 합니다.
아버지 하나님을 만나는 4월이 되길….

너희는 다시 무서워하는 종의 영을 받지 아니하고
양자의 영을 받았으므로
우리가 아빠 아버지라고 부르짖느니라
로마서 8:15

사랑의 속성 자체가 이타(利他)이기에
아무리 좋은 것도 일방적으로 주는 건
사랑의 속성에 맞지 않습니다.

하나님께서 내 경기에 함께 뛰십니다.
이를 믿는 이의 인생에 일어나는 모든 일은
그분의 선한 목적을 향해 나아갑니다.

하나님을 사랑하는 자
곧 그의 뜻대로 부르심을 입은 자들에게는
모든 것이 합력하여 선을 이루느니라
로마서 8:28

세상은 왕이 되라 하고 예수님은 종이 되라 하십니다.
그 사이에 있는 나는 종이 돼야 하는 걸 알면서도
왕이 되고 싶은 마음에 이러지도 저러지도 못합니다.
나는 참 연약합니다.

합력하여 선을 이루시는 하나님 안에서는
상처와 아픔까지도 믿음의 영양소가 됩니다.
하나님이 만드시는 '선'이란 그런 것입니다.

공동체는 이상합니다.

잘난 사람이 아닌 연약한 사람 중심으로 움직입니다.
정말 이상합니다.
화려한 봉사가 아닌 숨겨진 섬김을 찾아내 박수를 보냅니다.
정말 이상합니다.
자기 몫 먼저 챙기지 않고 부족한 사람 먼저 나눠줍니다.
정말 이상합니다.
경쟁에서 이기기보다 양보하고 져 주라고 말합니다.
정말 이상합니다.
힘든 시간 보내는 이가 아프지만 감사하다고 울며 고백합니다.
정말 이상합니다.

하나님의 공동체는 정말 이상합니다.
세상과 너무나 다릅니다.

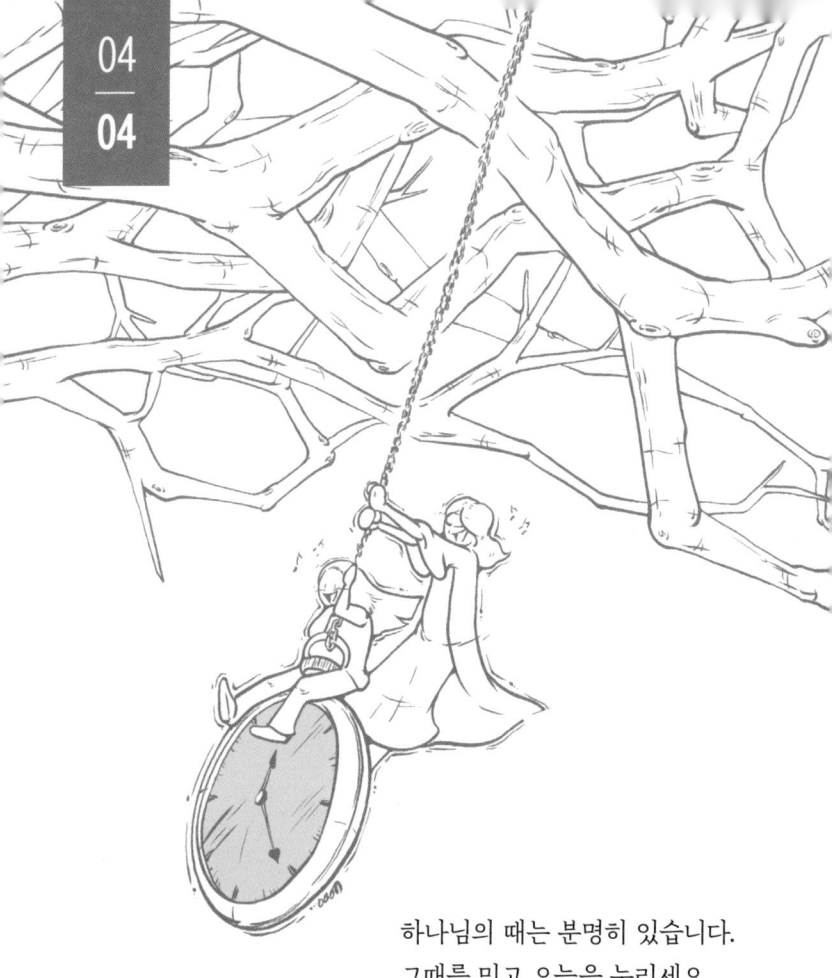

하나님의 때는 분명히 있습니다.
그때를 믿고 오늘을 누리세요.

젊은이 여러분,
축구선수는 벤치에 앉아 있을 때
경기장에서는 절대 배울 수 없는 걸 배웁니다.
더 강해지고, 더 배우는 게 목적이라면
벤치에 앉는 걸 두려워 할 필요가 뭐가 있을까요?
벤치에서 아무것도 배우지 못하는,
아무것도 배우고 싶어 하지 않는 선수는,
좋은 선수는 물론 좋은 사람도 될 수 없습니다.
여러분이 앉아 있는 벤치,
그곳은 분노와 불만, 상심의 장소가 아니라
희망과 겸손 그리고 노력의 장소여야만 합니다.
여러분은 지금 어떤 벤치에 앉아 있습니까?

– 이영표(전 축구선수)의 글 중에서

하나님은 적절한 타이밍을 아실 뿐만 아니라,
적절한 타이밍을 준비하시는 분입니다.

예수님과 우리가 맺은 화해의 핵심은
먼저 손 내미는 쪽에 아무 잘못이 없다는 것입니다.
잘못이 없는데 먼저 손을 내밀고,
잘못을 인지하기 전에 미리 손을 내미는 것.
오롯이 예수님의 긍휼이 핵심입니다.

적절한 타이밍을 준비하실 뿐만 아니라,
그 타이밍이 왔음을 알려주십니다.
우리의 영이 하나님과 연결되어 있기에
그때가 오면 자연스럽게 깨닫게 됩니다.

연약한 나를 예수님이 세워주셨습니다.
그래서 나도 연약한 한 사람을 세워나가야 합니다.
이를 통해 목자이신 그분을
더 깊이 알게 되기 때문입니다.

하나님의 때가 차기 전까지는 꽁꽁 숨겨두십니다.
그러니 또 한 번 주어진 당신의 오늘이,
그 타이밍을 위한 귀한 준비의 시간이 되기를 소망합니다.

"네 맞습니다. 제 책임입니다."
이 한마디를 고백하는 사람이 진짜 리더입니다.

비가 온 뒤에는 여전히 무지개가 뜹니다.
변하지 않는 자연 법칙입니다.
물리적으로는 공기 중 물방울에
태양빛이 반사되고 굴절되어
그렇게 보인다고 합니다.
하지만 제 눈에는 조금 다르게 보입니다.
노아와 맺으신 하나님의 언약이
여전히 지켜지고 있음을 봅니다.
하나님은 언약을 지키시는 분이시기 때문입니다.

당신을 향한 하나님의 약속은 무엇입니까?

내것을 버리면 한배를 탈 수 있습니다.
공동체의 연합은 추상적 개념이 아닌,
그에 속한 개개인의 치열한 자기 씨름의
결과이기 때문입니다.

삶은 끊임없는 선택의 연속입니다.
당신은 오늘, 어떤 선택을 하겠습니까?

주의 말씀은 내 발에 등이요 내 길에 빛이니이다
시편 119:105

하나님은 가장 빠른 사람이 아닌
가장 느린 사람의 속도에 맞추십니다.
이것이 교회와 세상이 다른 이유입니다.
아니, 교회만이 세상과 다른 이유입니다.

세상은 우리에게
조급한 선택을 요구합니다.
당신은 오늘,
그 요구에 어떻게 반응할 겁니까?

나 곧 내 영혼은 여호와를 기다리며
나는 주의 말씀을 바라는도다
시편 130:5

절제란 능력이 없는 게 아니라
능력을 스스로 다스리는 것.

스스로 선택하고 책임지는 게 마땅하지만
그러지 못할 때도 많습니다.
연약하기 때문입니다.
하지만 기독교는 연약함을 '정직함'이라고 정의합니다.
그 연약한 순간에는 그저 정직하게 도움을 구하면 됩니다.

내가 전심으로 주께 간구하였사오니
주의 말씀대로 내게 은혜를 베푸소서
시편 119:58

나를 낮추면 상대가 올라갑니다.
너무나 간단합니다.

너희 중에는 그렇지 않을지니
너희 중에 누구든지 크고자 하는 자는 너희를 섬기는 자가 되고
너희 중에 누구든지 으뜸이 되고자 하는 자는 모든 사람의 종이 되어야 하리라

마가복음 10:43,44

미래는 공평합니다.
우리 모두에게 불확실하기 때문입니다.
그러나 성도는 그 불확실함에서
하나님을 향한 신뢰를 배웁니다.
미래가 불확실하다는 건,
믿음으로 살아갈 수 있는 기회입니다.

벼가 익을수록 고개를 숙이듯,
그리스도인도 성숙한 만큼 고개를 숙입니다.
예수님 영광의 무게 때문입니다.

"인생, 어차피 운이야!"

정말 그럴까요?
하나님은 우리 삶을 두고 도박하지 않으십니다.
우리 삶을 향한 분명한 계획을 갖고 계십니다.

낮은 자리로 내려가야 하는데
높은 자리를 맛보고 나니, 다시 내려가기가 쉽지 않습니다.
오늘 하루는 예수님이 계신 그 자리로
한번 내려가보지 않겠습니까?

주도권을 하나님께 드리면
그분이 책임지십니다.
최고의 선택은
하나님의 선택이기 때문입니다.

더 이상 방어하지 않겠습니다.
겸허히 모든 걸 수용하겠습니다.

지혜로운 아들은 아비의 훈계를 들으나
거만한 자는 꾸지람을 즐겨 듣지 아니하느니라
잠언 13:1

전체 인구의 1퍼센트도 채 안 되는 기독교인으로 구성된 일본교회.
그 작고 연약한 교회 역사 속에도 순교자들의 이야기가 있습니다.
나가사키의 26명의 성인들, 그들을 기리는 기념관을 찾아가
순교 직전 그들의 심정을 헤아려 봅니다.
그들은 어떤 마음으로 바다 건너 처형장으로 향하는 배에 올랐을까요?
헤아릴 수 없는 감정을 추스르며
제 안의 자아도 처형장으로 떠나보냅니다.
예수님 한 분만으로 만족하는 삶을 살게 해달라고 감히 기도하면서.

꼭 무대의 주연이 아닐지라도,
누군가를 빛내는 조연으로
오늘을 기쁘게 살아내는
그리스도인이 되고 싶습니다.
그런 성숙한 성도가 되고 싶습니다.

연약한 지체들은 마치 가시 면류관 같아서
그리스도의 몸 된 공동체를 찌르고 아프게 합니다.
그런데 예수님은 그 면류관을 머리에 쓰셨습니다.

영적 전쟁은 곧 성품 전쟁입니다.
그리스도인의 가장 날카로운 무기가
하나님의 성품이기 때문입니다.

남들보다 미련해도 괜찮습니다.
십자가에 잘 붙어있기만 하면 됩니다.

십자가의 도가 멸망하는 자들에게는 미련한 것이요
구원을 받는 우리에게는 하나님의 능력이라
고린도전서 1:18

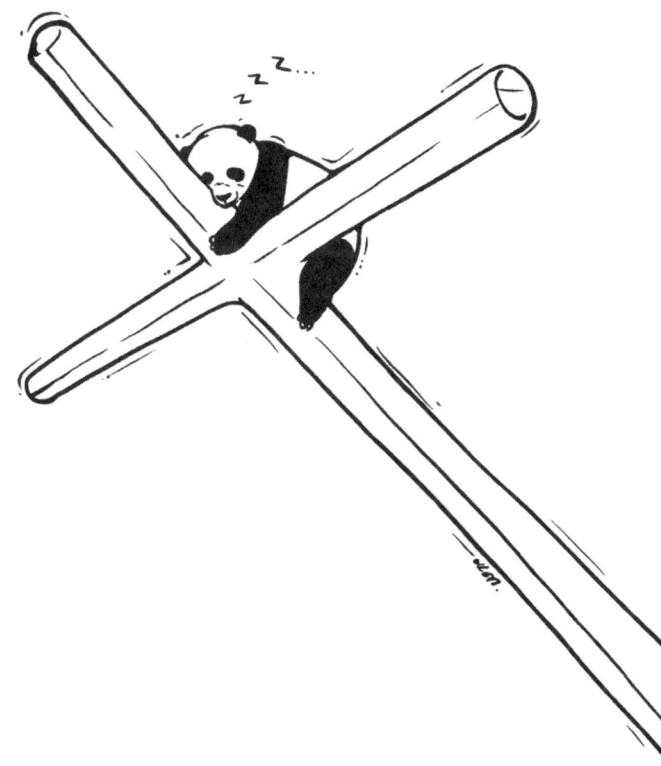

온유함이란,
받아칠 수 있는 힘이 있지만
그대로 반격하지 않는 것.

이 사람 모세는 온유함이 지면의 모든 사람보다 더하더라
민수기 12:3

세상은 더하는 것(+)을 업그레이드라고 하지만
성경은 덜어내는 것(-)을 업그레이드라고 합니다.
예수 그리스도만 남을 때까지.

내가 그를 위하여 모든 것을 잃어버리고
배설물로 여김은 그리스도를 얻고 그 안에서 발견되려 함이니
빌립보서 3:8,9

이제 유모차에서 내릴게요.
제가 감당할 수 있기에 맡기신 일이라 믿습니다.

너는 아이라 말하지 말고 내가 너를 누구에게 보내든지 너는 가며
내가 네게 무엇을 명령하든지 너는 말할지니라
너는 그들 때문에 두려워하지 말라
내가 너와 함께 하여 너를 구원하리라 나 여호와의 말이니라
예레미야서 1:7,8

죽은 나사로가 무덤에서 걸어 나오듯
죽은 내 꿈도 예수님이 살리십니다.
여전히 부활의 기적은 유효합니다.

한 줌밖에 안되는 내 자존심이
하나님보다 무겁게 느껴질 때가 있어요.
조금씩 덜어내다 보면
언젠가 적당히 무거워질 날도 오겠지요.

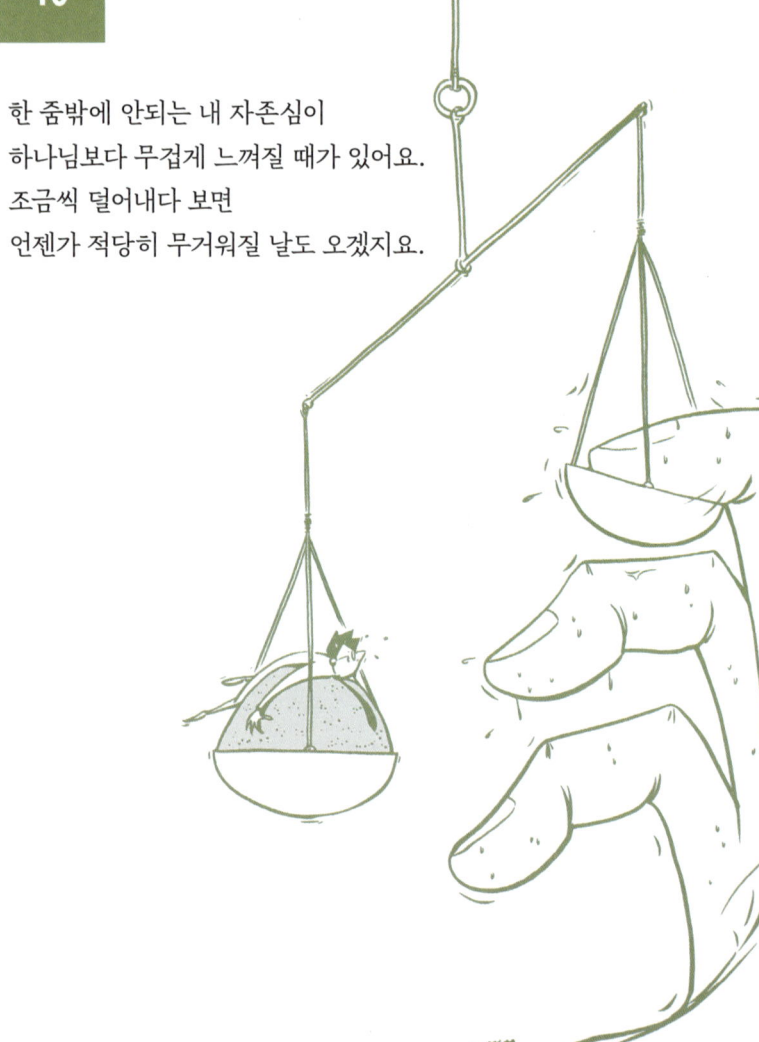

또 넘어질까 두려워 다신 신지 않겠다고 다짐했습니다.
그런데 '또 넘어지면 좀 어때, 다시 일어나면 되지!' 하는
용기가 생기더군요.
처음에는 내 용기인 줄 알았는데
성령님이 주신 마음이었어요.
다시 신고 일어설 때가 됐기 때문입니다.

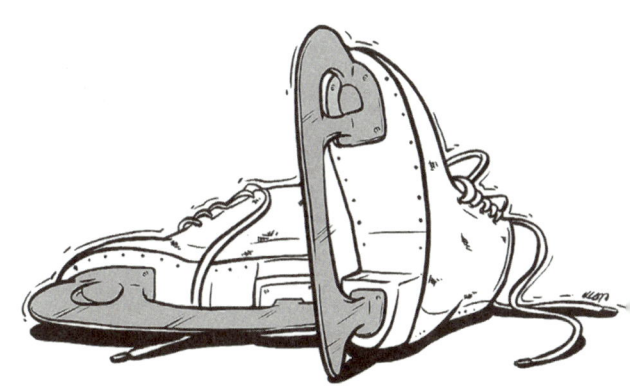

코끼리의 온전한 모습을 모두 볼 수 있는 분은
오직 광대하신 하나님뿐입니다.

사람의 마음은 기준이 될 수 없습니다.
매 순간 변하기 때문입니다.
변하지 않는 것을 기준 삼아야 합니다.

풀은 마르고 꽃은 시드나
우리 하나님의 말씀은 영원히 서리라 하라
이사야서 40:8

사람마다 자신이 선 위치에서 보는
코끼리의 모습이 다릅니다.
내 위치에서 벗어나 상대 위치에서 보이는
코끼리 모습을 발견할 때,
진정한 소통이 시작됩니다.

명확한 한 가지, 하나님의 말씀을 쫓아가면
불필요한 선택지는 자연스럽게 정리됩니다.

기도를 잘 못해도 안심하세요.
하나님은 말 너머의 마음을 들으시니까요.

여호와께서 내 음성과 내 간구를 들으시므로 내가 그를 사랑하는도다
그의 귀를 내게 기울이셨으므로 내가 평생에 기도하리로다
시편 116:1,2

마음의 고요를 유지하세요.
속삭이는 성령의 음성을 들을 수 있습니다.
이것이 올바른 선택을 위한 가장 지혜로운 방법입니다.

"다 너를 위한 거야"라는 명목으로
누군가를 고치려 하진 않았는지….
어쩌면 나도 모르게 상대의 목을
조르고 있었는지도 모릅니다.

하나님이 선하시다는 사실을 믿는 것.
이 단순한 진리 하나를 믿기 위해 이 순간에도
누군가는 치열한 전투를 치르는 중일지 모릅니다.

만약 오늘이 당신의 그 전장 속 하루라면,
전심으로 격려합니다.
하나님은 선하신 분이 맞습니다!

나 자신을 변호하는 일에
너무 많은 에너지를 쏟진 않았는지….
때로는 겸허히 받아들이고
묵묵히 침묵해야 할 때도 있습니다.

기도원도, 수양관도 좋습니다.
지금 위치에서 잠시 벗어나세요.
세상의 소음으로부터 멀어지세요.
하나님이 당신과 둘만의 시간을 원하십니다.

우주에서 가장 먼 거리는
사람과 사람 사이 마음의 거리입니다.

철판 볶음밥을 먹으러 갔습니다.
전담 요리사는 뜨겁게 달궈진 철판 위에서
숙련된 기술로 아슬아슬한 조리쇼를 보여주었지요.
하지만 전혀 불안하지 않고, 오히려 즐거웠습니다.
요리사의 숙련도를 믿었기 때문입니다.

믿으면 즐기게 됩니다.

언젠가 예수님을 만나면 꼭 묻고 싶습니다.

"예수님, 도대체 어떻게 십자가를 지신 거예요?
 다른 이를 죽기까지 사랑한다는 게
 저같이 평범하게 하루하루를 살아가는 사람에게는
 정말이지 너무 어려운 일이거든요."

맹인이 외쳐 이르되 다윗의 자손 예수여 나를 불쌍히 여기소서 하거늘
예수께서 머물러 서서 명하여 데려오라 하셨더니 그가 가까이 오매 물어 이르시되
네게 무엇을 하여 주기를 원하느냐 이르되 주여 보기를 원하나이다
예수께서 그에게 이르시되 보라 네 믿음이 너를 구원하였느니라 하시매

누가복음 18:38,40~42

이날 소경은 단순히 육신의 눈만 뜬 게 아니었습니다.
영의 눈, 즉 세계관이 바뀌었습니다.
당신은 어떤 안경으로 세상을 보고 있습니까?

이제는 누군가에게 내 자신을
온전히 내어주는 사람이 되고 싶습니다.
예수님처럼.

우리가 아직 죄인 되었을 때에
그리스도께서 우리를 위하여 죽으심으로
하나님께서 우리에 대한
자기의 사랑을 확증하셨느니라
로마서 5:8

길이 보이지 않아서 두려워!
가볼 길이 많아서 설레!

미래를 향한 내 고백은 둘 중 어느 쪽인가요?

하나님은 '아버지'이십니다.
먼저 그 아버지를 만나야 합니다.
아버지 하나님을 만나는 9월이 되길….

너희는 다시 무서워하는 종의 영을
받지 아니하고 양자의 영을 받았으므로
우리가 아빠 아버지라고 부르짖느니라
로마서 8:15

'너만의 신호를 줄 때까지 기다려!'

9월 SEPTEMBER

신호만 떨어지면 단숨에 도착합니다.
하나님의 때란 그런 것입니다.

자아는 쉽게 죽지 않습니다.
오히려 날마다 더 펄떡펄떡 살아나곤 합니다.

내 속사람으로는 하나님의 법을 즐거워하되
내 지체 속에서 한 다른 법이 내 마음의 법과 싸워
내 지체 속에 있는 죄의 법으로 나를 사로잡는 것을 보는도다
로마서 7:22,23

5월 MAY

기도하면 하나님이 직접 나서십니다.
하나님이 나서시면 이미 게임은 끝난 겁니다.

하나님은 '아버지'이십니다.
먼저 그 아버지를 만나야 합니다.
아버지 하나님을 만나는 5월이 되길….

너희는 다시 무서워하는 종의 영을
받지 아니하고 양자의 영을 받았으므로
우리가 아빠 아버지라고 부르짖느니라

로마서 8:15

기도는 기다리는 것입니다.
그분의 뜻이 이뤄질 때까지.

오늘은 내 소원을 간구하는 걸 넘어
하나님의 뜻이 성취되도록 기도하고 싶습니다.

이스라엘을 지키시는 이는 졸지도 아니하시고
주무시지도 아니하시리로다

시편 121:4

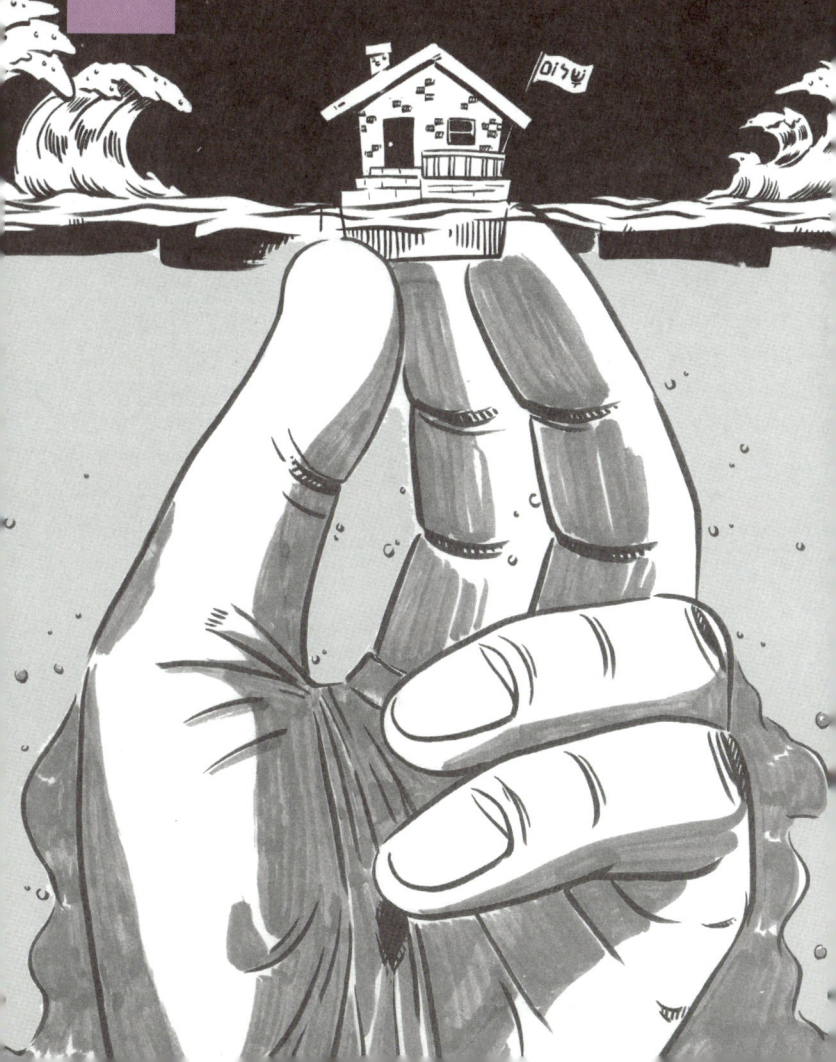

기도는 듣는 것입니다.
오늘은 그분의 뜻을 분별하는 하루가 되기를….

주는 나의 도움이 되셨음이라
내가 주의 날개 그늘에서 즐겁게 부르리이다

시편 63:7

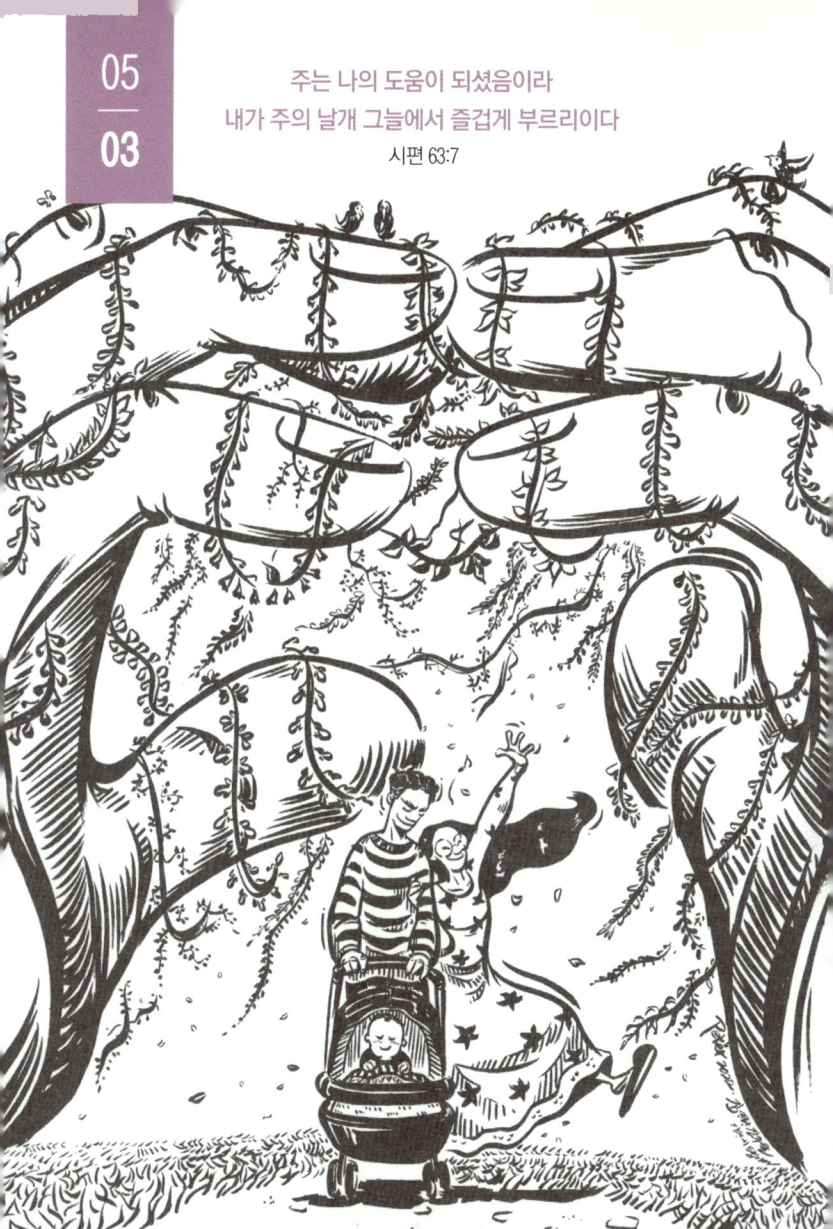

'하나님!
이 상황 속에서 주시는 메시지가 무엇입니까?'

신실한 신앙이란,
주어진 모든 상황 속에서 하나님의 뜻을 찾는 삶.

'가족'이라는 천국이
날마다 식탁에서 당신을 기다리고 있습니다.

마른 떡 한 조각만 있고도 화목하는 것이
제육이 집에 가득하고도 다투는 것보다 나으니라
잠언 17:1

믿음이란 먼 미래의 걱정까지 안고 살기보다
지금 나를 향한 하늘의 뜻을 발견하는 것,
바로 오늘을 살게 하는 것입니다.

탁월하게 가르치는 사람이기보다
끝까지 기다려주는 사람이 되고 싶습니다.

빛보다 빠른 속도로,
내 생각이 성령의 계획보다 앞서 나가곤 합니다.
생각보다 기도를 먼저 하는 내가 되고 싶습니다.

하나님은 혼자서 해내실 수 있는 전능하신 분입니다.
중요한 건 우리와 함께하길 원하신다는 거지요.
오롯이 우리가 하나님의 가족이기 때문입니다.

세상은 달려가고 있는데, 예수님은 멈추게 하십니다.
남들이 달리는 걸 보고만 있으면 조급함이 몰려오곤 합니다.
지금이 '신뢰'를 배울 가장 중요한 타이밍인 것 같습니다.

하나님은 동역자를 통해
자신의 뜻을 계시하십니다.
내 옆에 동역자가 있다는 건
하나님이 나와 함께하신다는
강력한 증거 중 하나입니다.

뛰고 싶다는 걸 알아요.
당신이 누구보다 잘 뛴다는 것도 알고요.
하지만 걸어야 할 때도 있습니다.
그럴 때는 즐겁게 걷는 법을 배우세요.

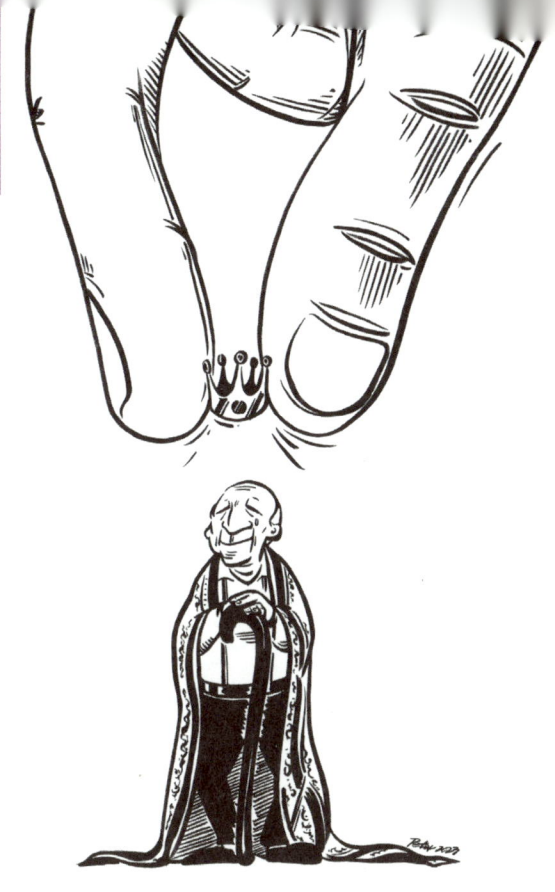

백발은 영화의 면류관이라 공의로운 길에서 얻으리라
잠언 16:31

하나님이 내 힘을 빼실 때는
아등바등하지 말고 힘을 다 빼세요.
천천히 수면 위로 다시 떠오를 때까지….

전도서는 온통 "헛되다"라는 표현으로 가득합니다.
노년의 솔로몬이 하고픈 말이 그저 인생의 허무함이었을까요?
아닙니다. 그 정도는 누구나 경험하는 일반론일 뿐입니다.
그는 인간이 유한한 존재임을 밝힘으로써
대조적으로 영원하신 하나님을 강조하려 했습니다.
전도서를 통해 정말 하고 싶었던 말은
"엘 올람"(El Olam)으로, 하나님은 영원하시다는 겁니다.

"자만하면 결국 넘어지게 된다."
– 미국 속담

넘어지셨습니까? 그럼 많이 배우셨겠네요.
이제 벌떡 일어나세요.
너무 오래 자책하는 것도 그분의 뜻은 아닐 테니.
어쩌면 한 번도 넘어져 본 적 없다는 게
더 큰 재앙일 수 있습니다.

하나님,
이 땅의 아버지들이 육신은 노쇠해져도
날마다 하나님의 영으로 거듭나
영혼은 결코 시들지 않는 청년의 영성을 갖게 하소서.

오늘 내가 팔십오 세로되 모세가 나를 보내던 날과 같이
오늘도 내가 여전히 강건하니 내 힘이 그 때나 지금이나 같아서
싸움에나 출입에 감당할 수 있으니
그날에 여호와께서 말씀하신 이 산지를 지금 내게 주소서

여호수아 14:10-12

내 생각.
내 판단.
내 고집.
내 비전.
내 감정.
내 기호.
내 바람.

·
·
·
·
·
·

하나님의 말씀은 골수를 쪼개지만,
난 그조차도 가끔 튕겨내곤 합니다.

예수님을 믿는다는 건
취향의 문제가 아닙니다.
생존의 문제입니다.

내가 기준입니까?

예수님이 기준이십니다.

가장 중요한 것은 '말씀'입니다.
진리가 지식에 묻히지 않는
깨어있는 오늘이 되길.

판단하는 사람이 판단 받는 법입니다.
오늘 나는 판단하는 사람입니까,
아니면 변호하는 사람입니까?

어찌하여 형제의 눈 속에 있는 티는 보고
네 눈 속에 있는 들보는 깨닫지 못하느냐
누가복음 6:41

충분히 고민했다면 이제 헤엄쳐 나아가세요.
고민에만 잠겨있는 것은 불신의 이유일 수 있으니까요.

방금 주님으로부터 받은 넘치는 은혜도
엄마의 따끔한 한마디에 사라지곤 합니다.
가까운 사람이 시험의 요소가 될 때가 있습니다.
은혜가 클수록 그것을 놓치지 않으려는
노력을 함께해야 합니다.

스스로 자부하던
내 '경험' 속에 갇혀가고 있었는지도….
잊지 마세요.
하나님은 당신의 경험보다 크신 분입니다.

인정할 수 없는 권위에
순종하는 훈련을 시키실 때가 있습니다.
내가 성숙해지는 방법이기 때문입니다.

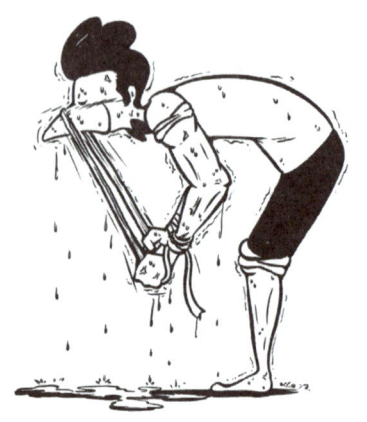

자기 사람들에게 이르되 내가 손을 들어
여호와의 기름 부음을 받은 내 주를 치는 것은 여호와께서 금하시는 것이니
그는 여호와의 기름 부음을 받은 자가 됨이니라 하고
다윗이 이 말로 자기 사람들을 금하여 사울을 해하지 못하게 하니라
사울이 일어나 굴에서 나가 자기 길을 가니라

사무엘서 상 24:6,7

제자도란 그리 복잡한 의미가 아닙니다.
예수님의 제자들이 그분을 따라 살았듯
스승이 사는 대로 따라 사는 삶을 말합니다.

"아무리 그래봤자 당신은 나보다 한 수 아래야!"
때로 인간은 기린보다 길고 뻣뻣한 목을 가진
유일한 존재입니다.

리더가 벼랑 끝으로 인도하면 모두가 벼랑 끝으로 몰리고
리더가 푸른 초원으로 인도하면 모두가 푸른 초원에 눕게 됩니다.
리더는 단순히 중요한 존재를 넘어
모든 것이라고 해도 과언이 아닙니다.
이것이 우리가 리더를 위해 열심히 기도해야 하는 이유입니다.

가까운 듯 먼 생각과 생각 사이의 차이.
저 간극을 뛰어넘는 사람만이 연합을 이뤄냅니다.

스스로 자부하던 내 '지식' 속에
묻혀가고 있었는지도….
잊지 마세요.
하나님은 당신의 지식보다 크신 분입니다.

내 소음이 너무 크면
성령의 소리가 묻힙니다.
성령의 음성을 들을 수 있는
고요한 내면을 유지하는
하루가 되면 좋겠습니다.

갈등이 싫어 조용히 회피하고 있진 않나요?
예수님은 갈등 속으로 들어가 화해를 꽃피우셨습니다.

인간의 마음은 신성하고 거룩한 곳입니다.
하나님과 함께 있도록 초청받은 공간이기 때문입니다.

05

19

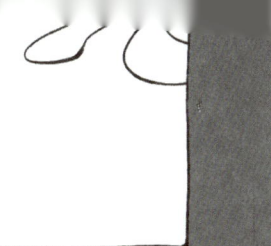

당신만의 안전지대가 당신을 가두고 있을지도 모릅니다.
외부로부터 가장 안전한 곳 중 하나가 감옥이기 때문입니다.

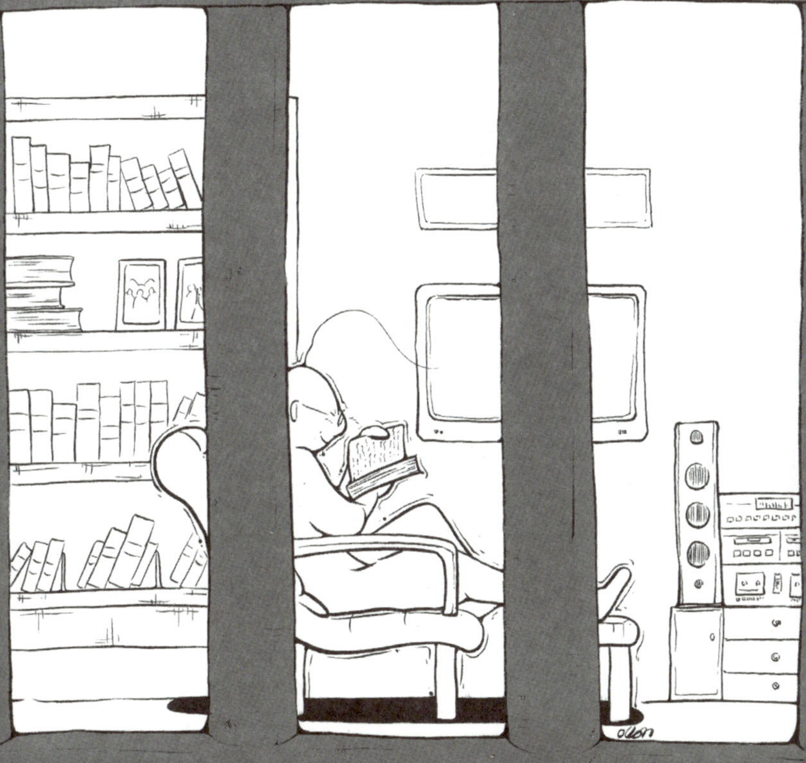

여호와께서 아브람에게 이르시되 너는 너의 고향과 친척과
아버지의 집을 떠나 내가 네게 보여 줄 땅으로 가라

창세기 12:1

'미련한 고집'이란 더 굳어져서
하나님의 말씀조차 들어갈 틈이 없는 상태입니다.

하나님을 신뢰하면 그분의 타이밍을 신뢰하게 되고,
그러면 쫓기지 않게 됩니다.
진정한 여유로움은 하나님을 향한 신뢰에서 나옵니다.

하나님이 신실하신 만큼 사단도 성실합니다.
쉼 없이 우리를 참소하기 때문입니다.
그래서 언제나 진리에 귀기울이고 있어야 합니다.

너희가 전에는 어둠이더니 이제는 주 안에서 빛이라
에베소서 5:8

당신의 지루한 기다림 속에도 하나님은 계십니다.
그분이 계신다면 결코 무의미한 시간이 아닙니다.

공공장소에서 시각장애인 안내견을 마주할 때마다
종종 이런 생각이 들곤 합니다.
'비록 말 못하는 미물이지만 나보다 낫구나.
자기 욕구를 넘어 남을 위해 살고 있으니…'
오늘은 이웃을 섬기는 하루로 살아내고 싶습니다.

그는 근본 하나님의 본체시나 하나님과 동등됨을 취할 것으로 여기지 아니하시고
오히려 자기를 비워 종의 형체를 가지사 사람들과 같이 되셨고 사람의 모양으로 나타나사
자기를 낮추시고 죽기까지 복종하셨으니 곧 십자가에 죽으심이라
빌립보서 2:6-8

베드로는 즉시 그물을 버리고 예수님을 따랐고 (누가복음 5:11)
마태는 곧바로 일어나 예수님을 따랐습니다. (마태복음 9:9)
제자들은 예수님을 따르는 일에 주저하지 않았습니다.
나는 제자입니까, 아니면 군중입니까?

고집이란 내 생각이 너무 굳어져서
상대의 말을 들을 틈이 없는 상태입니다.

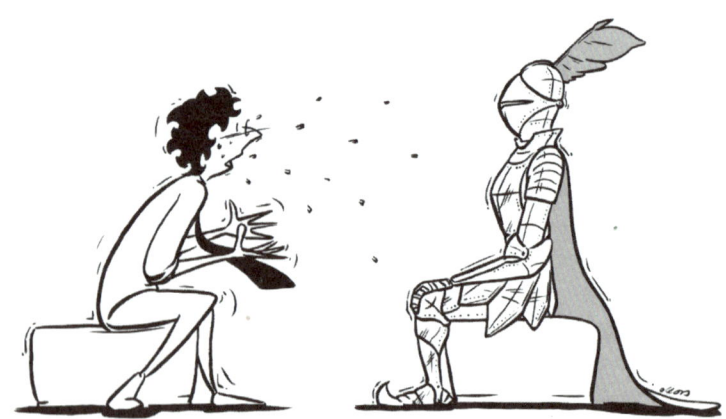

우상숭배란 하나님을 사랑하지 않는 게 아닙니다.
하나님과 세상을 동시에 사랑하는 것입니다.

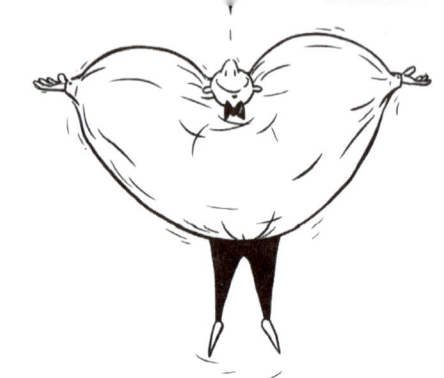

아주 약간의 칭찬과 인정만으로도
어깨가 부풀어오르는 게 느껴집니다.
이러다 '빵' 터지면 '뚝' 떨어질지도….

이와 같이 너희도 명령 받은 것을 다 행한 후에 이르기를
우리는 무익한 종이라 우리가 하여야 할 일을 한 것뿐이라 할찌니라
누가복음 17:10

하나님은 아브라함에게 고향을 떠나라고 명하시고
그저 먼발치에서 지켜보기만 하시지 않았습니다.
아브라함과 함께 그 긴 여정에 동행하셨습니다.
명하실 뿐만 아니라 그것을 함께 행하시는 분입니다.

파도가 멈추게 해달라고 기도했습니다.
하지만 계속 밀려왔어요.
그렇게 파도를 넘으며 깨달았습니다.
내 바람대로 멈추진 않았지만
그 사이 나는 파도 타는 법을 배우고 있었다는 걸.

사람이 자기의 친구와 이야기함 같이
여호와께서는 모세와 대면하여 말씀하시며…
출애굽기 33:11

친한 친구 사이에는 비밀이 없습니다.
모든 중요한 일을 공유하기 때문입니다.
하나님께서 친한 친구에게 알려주시는
그 비밀을 '계시'라고 합니다.

하나님을 다 알 수 없듯이 그분의 때도 다 알 수 없습니다.
때를 기다리는 과정을 즐겁게 배우는 게 중요합니다.

형통한 날에는 기뻐하고 곤고한 날에는 되돌아 보아라
이 두 가지를 하나님이 병행하게 하사 사람이 그의 장래 일을
능히 헤아려 알지 못하게 하셨느니라
전도서 7:14

골리앗을 향해 달려든 다윗의 용기는,
냉철한 분석보다는 뜨거운 열정이었습니다.
때로 이성보다 열정이 필요한 순간이 있습니다.

당신의 창 자국은 몇 개인가요?

내게 적대적인 사람을 인내하는 사람,
세상이 감당치 못할 예수님의 사람입니다.

하나님과 동역하면
승리의 기쁨을 누릴 수 있습니다.
나는 부족해도
하나님은 전능하시기 때문입니다.

열정만큼 중요한 것이 '분별'입니다.
뜨겁게 사모하는 열정만큼
바르고 정확히 아는 것도 중요합니다.

바닥까지 내려가 본 사람만이
바닥에 있는 사람을 끌어올릴 수 있습니다.
내 아픔과 상처까지도 사용하시는
하나님의 경륜이 있기 때문입니다.
실로 놀라운 신비입니다.

이런 시간이 꼭 올 거예요.
지나간 추억처럼 되새기게 되는 시간이….
지금의 비바람을 잘 견뎌내길 기도합니다.

하나님의 타이밍이라 생각되면 붙드세요.
앞뒤 재지 말고 과감하게! 느헤미야처럼!

왕이 내게 이르시되 그러면 네가 무엇을 원하느냐 하시기로
내가 곧 하늘의 하나님께 묵도하고 왕에게 아뢰되 왕이 만일 좋게 여기시고
종이 왕의 목전에서 은혜를 얻었사오면 나를 유다 땅 나의 조상들의
묘실이 있는 성읍에 보내어 그 성을 건축하게 하옵소서
느헤미야서 2:4,5

하나님은 '아버지'이십니다.
먼저 그 아버지를 만나야 합니다.
아버지 하나님을 만나는 8월이 되길….

너희는 다시 무서워하는 종의 영을 받지 아니하고
양자의 영을 받았으므로
우리가 아빠 아버지라고 부르짖느니라
로마서 8:15

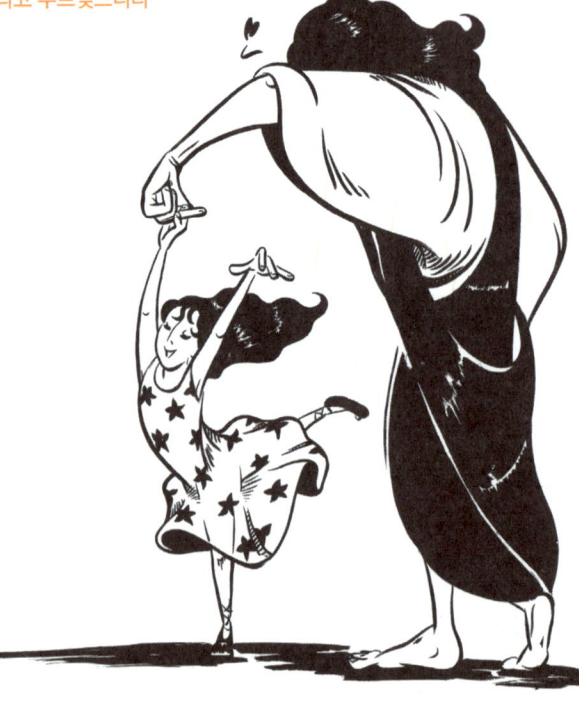

목마른 사람이 우물을 찾는 법,
때로는 결핍이 하나님을 만나는 기회가 됩니다.

8월 AUGUST

자기중심성에서 벗어나는 유일한 방법은
하나님의 사랑을 실천하는 것입니다.
그분의 사랑은 온전히 이타적이기 때문입니다.

네 이웃을 네 자신과 같이 사랑하라 하신 것이라
이보다 더 큰 계명이 없느니라
마가복음 12:31

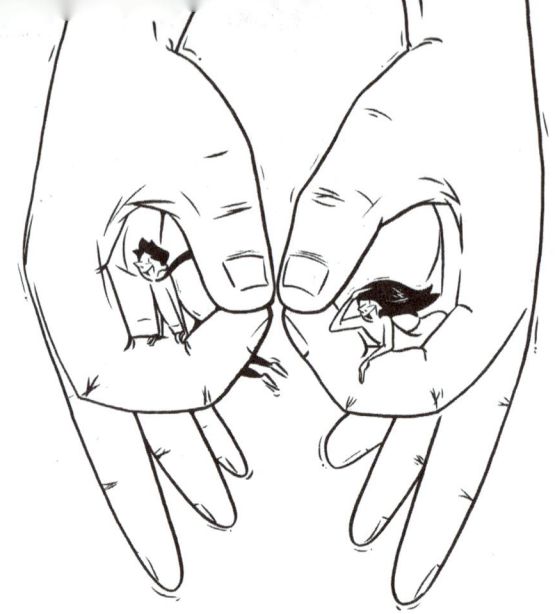

하나님의 관점으로 보면 소망으로 가득할 수밖에 없습니다.
그분이 소망 그 자체이시기 때문입니다.